世界を読み解く
一冊の本

旧約聖書

〈戦い〉の書物

長谷川修一

慶應義塾大学出版会

「世界を読み解く一冊の本」

『旧約聖書』
〈戦い〉の書物

目　次

序

文字の力

Calamus gladio fortior.

ご存知、「ペンは剣よりも強し」を意味する慶應義塾のモットーである。この言葉は、一九世紀のイギリス人劇作家ブルワー・リットンによる戯曲『リシュリュー』の中で、フランスの宰相にして枢機卿でもあったリシュリューが放ったものである。リシュリュー枢機卿は一七世紀初頭にルイ一三世の宰相として活躍した実在の人物で、デュマ作『三銃士』にも登場する。

慶應義塾大学の紋章には、交差したペンの図案と共にこの言葉が記されているため、コロナ流行前に入学した塾生であれば誰でも一度は目にしたことがあるはずである。慶應義塾大学の紋章には、交差したペンの図案と共にこの言葉が記されているため、塾生であれば誰でも一度は目にしたことがあるはずである。ご存知ない方は、いま手にしておられるこの本の背をご覧になっていただきたい。そこにある慶應義塾大学出版会のロゴマークに刻まれているのがこの文句である。

さて、作中においてこの言葉は、リシュリューが武器の代わりにペンを持ち、剣を持つ相手に果敢に戦いを挑む時に放った言葉ではもちろんない。もしそうだとしたらあまりに無謀である。また、軍事力

図1　銅の債務免除についての粘土板文書（紀元前20〜19世紀、メトロポリタン美術館蔵）

を伴う強大な権力を持つ相手に、ジャーナリズムの力で立ち向かおうという意味でもない。

この戯曲でリシュリューは、フランスにおける事実上最大の権力者として描かれている。そんな彼がこの言葉を言い放ったのは、部下たちが武力をもって自分を暗殺しようと企んでいることを知った時であった。彼はペンで署名さえすればいつでも彼らから武器を行使する権利を奪うことができたのである。聖職者であったリシュリューは武器を手にすることこそ許されてはいなかったが、権力者としての彼はそれよりも強い力を現実に発揮するペンを持っていたことになる。

しかし、のちにこの言葉は、「言論の力は武力よりも大きい力で人々の心に訴える」という意味を帯びるようになり、ジャーナリズムが「ペン」＝「言論の力」の代表として捉えられるようになった。新聞やテレビ番組等の報道をきっかけに世論が大きく動き、政治が、そして実際の社会が変わるということは今日珍しくない。こうした現象を、「言葉が世界を変えた」という意味で「ペンは剣よりも強し」という言葉で言い表すこともできるだろう。

しかし、世界を変えてきた言葉は、ジャーナリズムのみによって紡ぎ出されてきたわけではない。ジャーナリズムがその報道によって世界を変革するよりもずっと前の時代から、文字として書かれた言葉は世界に働きかける力を持っていた。

文字は情報を伝えるために誕生したものだが、情報は文字として書かれることによって変化しにくくなる。文字が誕生した背景に、取引を記録する目的があったと考えられているのはそのためである。

古代のメソポタミアにおいて、初期の楔形文字で記されたのは商取引や結婚といった様々な契約に関する文書であった。口約束では、長い間に双方の記憶も薄れるし、それを利用して自分に都合の良い主張をする人間も出てこよう。身近な例では、買い物の領収書が挙げられる。記憶違いや悪用を防ぐため、粘土板に契約内容を記し、そこに契約者双方の印と複数の証人の印を捺すシステムが、古代のメソポタミアにおいてすでに用いられていた。今日の様々な契約書と同じ仕組みである。ただ、紙と異なり、乾いて堅くなった粘土板は長期保存が効く。火を受けても燃えるどころか、よりしっかりと固まるので、火を受けた後は地中でも残りやすくなる。だからこそ、何千年の時を経て、何十万枚もの粘土板が保存され、発掘等によって見つかってきたのである。

このように、はるか古代から、文字で記された言葉には、単に誰かが口で発する言葉以上の信頼性が認められていたということになろう。

本書が紹介する旧約聖書も、文字で書かれている。そして旧約聖書は、より正確に言えば旧約聖書の筆者たちは、文字が持つこの力を利用して世界を、少なくとも自分たちの周囲の世界を変えようとしたのである。仮にそこに書かれた言葉が無力であったならば、旧約聖書は今日まで保存されてこなかったであろう。今日、日本においても書店や図書館で手軽に旧約聖書を手に取ることができる。こうした状況を見る限り、旧約聖書の文字の力は十分に発揮されてきたと言えよう。

聖書=平和の書?

読者諸賢は「平和」という言葉を聞いて何をイメージするだろうか。白い鳩のイメージが平和のシンボルとして使われることがある。よく目にする平和の図案は、白い鳩が緑の枝葉をくわえて羽ばたいている場面を描いたものである。では、なぜ鳩が平和と結びつけられて描かれているのだろうか。

図2　白い鳩を放つノア、サン・マルコ大聖堂のモザイクから、ヴェネツィア、12～13世紀

旧約聖書の中の創世記にはノアの洪水物語といわれる物語が収められている。人間の悪が大地にはびこったため、神は、大地もろとも人間を滅ぼそうと、地上に未曾有の大洪水をもたらす。しかし、神の目に義とされたノアという人物は、来たるべき洪水のことを神から知らされ、それに備えて木造の方舟をつくるよう命じられる。世界中から集めた動物たちとともにノアと家族がこの方舟に乗ると、破滅的な規模の大雨が降り、大洪水が大地を襲う。地上は水でことごとく覆われ、ノアたちを乗せた方舟は漂流する。しかしやがて雨はやんで水が徐々に引いていき、方舟はアララト山の頂に漂着した。

方舟に乗ったノアは、水が引いて陸地が現れたところがあるかどうかを確かめるため、鳩を放つ。鳩は一度目と二度目はそのまま方舟に舞い戻るだけであったが、三度目に放つと、口にオリーヴの若葉をくわえてノアの手に戻ったという。これを見たノアは、乾いた陸地が現れたと考えた。

一九四九年にパリで開催された国際平和擁護会議のために、芸術家パブロ・ピカソがこの場面を図案化して描いて以降、鳩が平和の象徴となったようである。愛煙家の読者諸賢の中には、タバコのピースのパッケージに描かれた若葉をくわえる鳩の姿をご存じの方もいよう。

しかし、旧約聖書の洪水物語と、戦いがない状態としての平和とは、元来直接の関係を持っていない。洪水物語の中の鳩は平和の象徴というよりは希望の象徴ではないかと筆者は考えている。オリーヴの若葉をくわえて戻ってきた鳩が象徴するのは、巨大で破壊的な災害の後の明るい希望とでもいうべきものではないだろうか。

仮に平和の象徴である鳩の図案が旧約聖書の物語に起源を持つものでなかったとしても、「旧約」を外した「聖書」と平和とはなんとなく親和性が高いと感じる読者諸賢も少なくなかろう。一般にキリスト教は「愛の宗教」と言われることが多い。新約聖書の中でイエスは何度か「愛」について語ったとされているからである。

さらに別の理由もある。キリスト教の教義によれば、イエスは、旧約聖書中のイザヤ書で預言されていた「メシア（救世主）」とされる（「メシア思想」については後述）。イザヤ書には次のような一節がある（本書で用いる和訳は断りがないかぎりすべて聖書協会共同訳（二〇一八）からの引用である。訳文中、〔 〕は筆者による捕足を示す）。

その名は「驚くべき指導者、力ある神、永遠の父、平和の君」と呼ばれる。その主権は増し、平和には終わりがない。（イザヤ書九章五～六節）

キリスト教でイエスのものとされる肩書の一つが「平和の君」であり、その「平和には終わりがない」とされる。このような表現で表されるイエスを信じるキリスト教に平和の宗教というイメージが醸成されても不思議ではない。

しかし、歴史を繙けば、「キリスト教」と呼ばれるものが、特に政治権力と結びついて以降、度々暴力に関与してきたことは明らかであろう。十字軍などはまさにその例である。

では、キリスト教の母胎となったとされるユダヤ教ではどうだったのだろうか。旧約聖書は、古代イスラエルの民が、モーセによってエジプトでの奴隷状態から抜け出し、パレスチナに移住したという物語を展開する。パレスチナにはすでに住民がいたわけだが、それら元からいた住民に対し、モーセを通じて神は次のように命令したとされる。

あなたは必ずその町の住民を剣で打ち殺さなければならない。その町とそこにあるすべてのもの、家畜も剣で滅ぼし尽くしなさい。（申命記一三章一六節）

これは、文字通り実行されるとすれば、実に恐ろしい命令である。この記述には、戦いがない状態としての平和の姿どころか、キリスト教の特徴とされるところの「愛」のかけらさえ見出すことができない。そして、この神がイスラエルの民に求めるのは次のような「愛」なのである。

心を尽くし、魂を尽くし、力を尽くしてあなたの神、主を愛しなさい。（申命記六章五節）

ここまで読み進めてきた読者諸賢は、少なくとも「旧約」のつく方の聖書が、戦いがない状態である平和からはほど遠い書物であることを理解されたことだろう。

〈戦い〉の書としての旧約聖書

したがって、本書で旧約聖書を〈戦い〉の書として描くというと、戦いを肯定するような旧約聖書中の記述を取り上げていくものと思われるかもしれない。旧約聖書は、ユダヤ教の聖典であるのみならず、「愛の宗教」とされるキリスト教の聖典の一つでもある。したがって、旧約聖書中に記された戦いを肯定する記述を列挙することも、キリスト教に貼られた「平和の宗教」のレッテルを引き剝がすためには面白い試みになるかもしれない。

しかし、それが本書の目的ではない。本書のねらいは、多くの場合、一見〈戦い〉には見えない記述を対象とし、旧約聖書という書物のテクスト上に繰り広げられる思想上の〈戦い〉を浮かび上がらせることにある。なぜなら、こうした〈戦い〉こそが、旧約聖書という書物が今日のような形になる過程で大きな役割を果たしたからであり、旧約聖書が今日まで伝えられてきた理由の一つでもあるからである。

旧約聖書の著者たちは、文字の持つ信頼性を武器に、自らを取り巻く社会的・思想的状況に対して、自らのアイデンティティをかけた果敢な〈戦い〉を挑んだのである。それは武器を手にして行う実戦ではなく、むしろそうした実戦を避けるための手段として用いられたテクスト上の〈戦い〉であった。テクスト上の〈戦い〉は、実戦の「抑止力」として機能したのである。

したがって、本書で使われる〈戦い〉という概念は、実際の戦いというよりは、思想上の対決、葛藤、交渉、対話などを含むより広い意味で用いられることを読者諸賢には心得られたい。

「旧約聖書」という呼称

本書では一貫して「旧約聖書」という呼称を用いることとする。[1] しかし、本書の冒頭において、次のことを断っておきたい。すなわち、「旧約聖書」という呼称はキリスト教側からの呼び名である、ということである。

キリスト教が旧約聖書とする書物は、ユダヤ教では単に「聖書」と呼ばれる書物とほぼ同じものを指す。「旧約」の「約」は、「契約」の「約」である。旧約聖書によれば、イスラエルの神は、イスラエルの民と契約を交わしたとされる。それは、その神が彼らにとって唯一の神となる代わりに、民には神の律法に従うことを求める、という契約であった。

その神とは、イスラエルの民を奇跡的な仕方でエジプトの軍勢から救い出した存在とされる。すなわち、その神をきちんと崇めていれば、イスラエルの民には幸福が約束されている、と考えてよいだろう。

しかし、この物語を伝えてきた人々（イスラエルの人々／ユダの人々／後代にはユダヤ人）は、紀元前六世紀初めに新バビロニアによって国を失って以降、アケメネス朝ペルシア、ヘレニズム諸国家、そしてローマ帝国と、他民族による支配に甘んじねばならなかった。

キリスト教信仰が誕生する前夜、ローマの苛烈な支配下にいた彼らが切望していたのはメシアの到来であった。いつか、自分たちにメシア（ヘブライ語で「マシアハ」）が現れ、自分たちをこの窮状から救い出してくれる、という希望である。こうした思想的状況の中、「神の国」の到来を伝えたイエスが、このメシアと同一視されたのであった。

ただし、人々が切望していたのは、現実の王となって自分たちをローマの軛から解放してくれる人物の出現であった。やがてイエスが処刑されると、イエスにかけていたこうした期待は脆くも崩れ去ったのである。

ところが、イエスの弟子たちの中に、イエスが復活したという信仰が芽生えた。この信仰はやがて、キリスト教として発展していくこととなる。「キリスト」とはギリシア語で「クリストゥス」で、これはヘブライ語「マシアハ」の訳である（「メシア」は「マシアハ」の音訳）。彼らは、イエスが宣教した「神の国」がやがて到来するものと考え、さらにイエスの死を、人類の罪を贖うための死と捉えるようになった。この贖罪の死によって、今や人類は神との新たな契約を結んだと信じるようになったのである。この「新たな契約」が「新約」である。

そうなると、もはや彼らがそれまで手にしていた「聖書」に記されている、神とイスラエルの民との契約は更改前の契約ということとなる。そこでそれまでの「聖書」に、「新約」に対して「古い契約」

を意味する「旧約」という呼び名がキリスト教側からつけられた。[2]

他方、ユダヤ教を信奉する人々にとっては、最初の契約は決して破棄されてはいないのだから、キリスト教側が「旧約聖書」と呼ぶものは、彼らにとっては唯一無二の「聖書」のままである。

近代以降、歴史は西欧を基軸として動いてきた。そうした中で、伝統的にキリスト教信徒が多い西欧の価値観をそれ以外の国の人々が無批判に受け入れてきたきらいがある。日本はこれらの国々の筆頭と言ってよいかもしれない。「旧約聖書」という呼称も、日本が西欧から無批判に受容したものの一つである。しかし、中には価値判断を含むと思われる語（この場合「旧」）が使用されることに不快感を覚える人々もいる。

そこで、ユダヤ教徒、またこうした価値判断を含む用語について敏感な人々が中心となり、より中立的な「ヘブライ語聖書」という呼称が使われるようになった。この呼称は、少なくとも欧米の学界においては定着しつつある。「ヘブライ語聖書」という呼称は、この「聖書」の記述言語が「ヘブライ語」であるという事実に基づいている。ただし厳密に言えば、この「聖書」にはヘブライ語以外の言語（アラム語）で書かれた部分も若干含まれているため、正確な呼称とは言い難い。[3]

そうであったにせよ、万人が納得できる適当な言葉もなかなかない。そこで筆者は、少なくとも学問の場においては極力、より中立的と思われる「ヘブライ語聖書」という呼称を用いることにしている。ただし筆者自身、これまでも「旧約聖書」という名を用いて一般向けの書物を書いてきた。すでに「ヘブライ語聖書」という呼称を国内においても定着させるための努力を微力ながらしてはいるが、まだまだ耳慣れぬ言葉であることは否めない。本書が書店に置かれていても手に取る人が少なくては本末転倒である。そのため、本書でも敢えて「旧約聖書」の呼称を使うこととした。この点、読者諸賢にはご理解を賜れば幸いである。

旧約聖書物語のあらまし

本書で展開される議論のための予備知識として、旧約聖書に収められた物語のあらましをここで紹介しておきたい。最初に全体の見取図を見ていただいた方が、これ以降の記述がよりよく理解できると思われるからである。

創世記に始まる旧約聖書の物語は、原則として時間軸に沿って展開していく。冒頭は天地創造の物語、人間の創造の物語、そしてノアの洪水物語と続く。その後に展開するのは、古代イスラエルの人々の祖とされるアブラハム、イサク、ヤコブという三世代の物語で、「父祖たちの物語」とか「族長物語」と呼ばれる。メソポタミア地方に住んでいたアブラハムは、神からパレスチナへ移住するよう命令されるとともに、彼の子孫がパレスチナを獲得するという約束をも得る。創世記は、ヤコブとその十二人の息子がパレスチナに起こった飢饉を逃れ、エジプトへ定住するようになるところで終わる。

続く出エジプト記では、イスラエル人たるヤコブの子孫たちが、エジプトで奴隷として酷使されるところから物語が始まる。やがて民の中からモーセか選ばれ、神から民を解放するという使命を受けてファラオと交渉する。その後モーセは大勢のイスラエルの人々を連れてエジプトからの奇跡的な脱出に成功する。

レビ記と民数記、申命記には、イスラエルの人々が神から与えられた多くの律法が収められている。代表的なのは十戒《じっかい》である。物語としては、出エジプト後の荒野における四〇年間の放浪の間に生じた様々な事件を描く。約束の地であるヨルダン川西岸を目前にして、モーセは死ぬ。

ヨシュア記は、モーセの跡を継いだヨシュアの指揮の下、「カナン人」と総称されるパレスチナの住民たちの諸都市を、イスラエルの人々が次々と征服していくあり様を描く。次の士師記は、ヨシュアの死後、人々が出エジプトの神ではなく、パレスチナの神々を崇拝するようになる様を描いている。神は怒ってイスラエルの人々を敵の手に渡すが、人々が改心すると「士師」と呼ばれるリーダーを人々の中から起こし、敵を打ち負かす。士師記ではこうした「パターン」が繰り返されている。

最後の士師であるサムエルの時代、人々は周囲の敵たちと首尾よく戦うために、人間の王が欲しいと言い出す。こうして初代の王になったのがサウルという人物であった。サウルの戦死後、ダビデが王となる。

列王記の記述は、ダビデの治世の晩年に始まる。ダビデの子ソロモンの治世は、イスラエルが栄華を極めた時代として描かれる。しかしソロモンが背教したため、その息子の治世に、王国は北イスラエル王国（以後、北王国）と南ユダ王国（以後、南王国）に分裂する。ダビデの家系は、エルサレムを都とする南王国で支配を続けた。背教した北王国は、アッシリアによって滅ぼされる。南王国はその後もしばらく存続するが、やはり神に背いてしまう。その結果、南王国はバビロニアによって攻められ、エルサレムもその神殿も破壊されて人々はバビロニアへと連行されてしまった。

これが、創世記から列王記までの一続きの物語のあらましである。さらに、エズラ記とネヘミヤ記が、バビロニアから帰還し、エルサレムに新たな神殿を築いた人々のことを記述している。

「古代イスラエル」略史

旧約聖書が描く「歴史」は、言うまでもなく、そのすべてが実際に起こった出来事ではない。旧約聖書は史実を正確に記録することを主眼とした書物ではないし、そもそも史実を正確に記録しようと考える人々も当時はいなかったことであろう。他方、旧約聖書という書物が、実際に起こった出来事を背景として形成されているのも事実である。したがって、旧約聖書が描く物語やそこに反映される思想についての理解を深めるためには、パレスチナやその周辺において、実際に何が起こってきたのかを知っておく必要がある。そのためには、旧約聖書以外の碑文史料や考古学の助けを借りなくてはならない。

そうは言っても、ここで話題にしているのは今から二〇〇〇年以上も前に起こった出来事である。二〇〇〇年前、日本にはまだ文字すらなかった。パレスチナを含む西アジアには文字こそあったが、今日まで残っている断片的な碑文史料からは、おぼろげな歴史像しか浮かび上がってこない。また、盛んに発掘調査が行われているとはいえ、パレスチナの考古学が明らかにするのは、個々の事件というよりは、社会全体の変化である。

そのため、碑文史料と考古学的研究成果のみに頼るならば、「略史」を描くことすら難しい。そこで、世に出回っている「古代イスラエル史」関係の書物がそうであるように、本書もまた旧約聖書が提示する「歴史物語」の枠組みを参照しつつ、個々の事件の史実性を吟味するよりはむしろ今わかっていることを紹介する形を採りたい。[4]

とは言え、創世記が冒頭で語る天地創造や人間創造の物語、ノアの洪水物語、バベルの塔の物語などの史実性は実証できない。[5]そこでそれに続く「父祖たちの時代」から始めることとする。聖書中に記された年代に関する数字などを手がかりに求めると、この時代はおよそ紀元前二〇〇〇年紀前半から半ばに相当する。この時代の碑文史料は乏しく、父祖たちの実在をはじめ、創世記に記された様々な出来事を史料によって裏付けることはできない。[6]

「父祖たちの時代」の最後は、ヤコブとその息子たちのエジプト移住を描いている。エジプトの碑文や壁画史料は、紀元前二〇〇〇年紀、西アジアから多くの人々がエジプトに流入したことを記している。エジプトでは、ナイル川の増水期に、上流に位置するエチオピア高原の森林地帯からもたらされる養分が沿岸の耕地の土壌を肥沃にする。この肥沃な土壌はエジプトに多くの実りをもたらした。ギリシアの歴史家ヘロドトスの「エジプトはナイルの賜物」という言葉通りである。大河がなく、土地もやせていたギリシア人にとって、エジプトの豊かさは、ナイル川がもたらした贈り物のように見えたのだろう。ローマ時代になっても、エジプトはローマの穀物倉庫の役割を果たしていた。

パレスチナのように天水農耕に頼っている地域は、降水量の多寡や気温の変化に深刻な影響を受けやすい。そのため、パレスチナはしばしば飢饉に見舞われた。こうした飢饉を逃れるため、当時の人々が目指したのが、食糧の豊富なエジプトであった。紀元前一七二〇年頃から紀元前一五五〇年頃まで、エジプトのナイル川河口のデルタ地帯は、こうした西アジアからの移住者が興した王朝によって支配されていた。その後のギリシア文字やローマ字につながるアルファベットの発明は、こうした西アジア系の人々がエジプトの文字を借用して自分たちの名前などを書くことから始まったと考える研究者もいる。

こうした歴史的背景を考えると、ヤコブたちがパレスチナにおける飢饉を逃れてエジプトに移住したという出来事は、歴史的に十分あり得る筋書きと言えよう[7]。

他方、出エジプトの方は、旧約聖書が記述するような奇跡的な仕方で生じたと考えることはできない。壮年男子だけで四〇万人、加えて女性や子供たち、家畜たちが一斉にエジプトを後にした、というのは現実的ではないし、そもそも当時のエジプト全体で四〇万人もの人口がいたかどうかも疑わしい。

エジプトは、国境を越えて逃亡した奴隷の記録を残している。つまり、奴隷がエジプトから脱出すること自体はあったのである。そういった逃亡奴隷の中には、エジプト側の追跡を「奇跡的に」振り切ってパレスチナに逃げ延びた者たちもいたかもしれない。そういう意味において、小規模な「出エジプト」という事件は、長い年月の間に繰り返し生じていたと考えられよう[8]。こうした「集合的記憶」が出エジプトの物語の背後にあるのかもしれない。

出エジプトを果たしたイスラエルの人々は、パレスチナにいた先住民を征服し、そこに定着する。詳しくは後述するが、今日の考古学は、出エジプトという出来事が想定される紀元前二〇〇〇年紀後半のパレスチナにおいて、大規模な外部からの文化の流入を確認していない。この時代に一部の都市が荒廃し、また別の一部の都市が破壊されていることはヨシュア記の記述と一致するものの、それを外部からの侵略者＝イスラエルの人々によるものと断定できる証拠は見つかっていない。[9] ただし、後述するように、紀元前一三世紀末の碑文史料から、その頃までに「イスラエル」という集団がパレスチナに出現したことはわかっている。

その後この地域には「王国時代」と呼ばれる時代が到来する。最初の王サウル、次の王ダビデ、その子ソロモンまでの時代を「統一王国時代」と呼ぶ。統一王国の存在や、ダビデの征服活動による広大な領土獲得、それに続くソロモン時代の栄華などを確実に示す碑文史料も考古学的資料も未だ見つかっていない。しかし、この時代以後の出来事を描く旧約聖書の記述の歴史的信憑性は比較的高いため、多くの研究者は、紀元前一一世紀末から紀元前一〇世紀半ばまでの王国の実在そのものについては疑っていない。[10]

王国の分裂後、とりわけ紀元前九世紀中葉以降は、碑文史料が充実する。紀元前一〇世紀後半のパレスチナに言及するエジプトの碑文史料が残っているが、そちらには北イスラエルや南ユダといった国や王は言及されず、エジプトが征服したと主張するパレスチナの都市名が記されている。[11] 紀元前九世紀になると、後に西アジア一帯を席巻するアッシリアの西方遠征が活発化し、南北両王国の王や彼らがもたらした貢ぎ物等がアッシリア王の碑文に言及されるようになる。また、周辺王国の碑文史料も、主として列王記に記述された出来事を部分的に裏付けるものとなっている。

紀元前八世紀になると、アッシリアはいよいよその勢力を増した。紀元前七二〇年頃、アッシリアによって北イスラエル王国が滅ぼされた事件は、アッシリアの碑文、バビロニアの碑文、そして列王記と三つの史料から確認できる。紀元前七〇一年には、エルサレムもアッシリア軍によって攻囲されるが、この時エルサレムは征服を免れた。その後、アッシリアは一時期エジプトをも勢力下に収めるなど、広大な領域を掌中に収めた強大な帝国となったが、紀元前六一二年にバビロニアとメディアによって滅ぼされた。[12]

バビロニアは勢力をさらに伸張し、紀元前五九七年に南王国の王と住民の一部をバビロニアに連れ去った。さらに、紀元前五八七年、バビロニアに反乱を起こした南王国の王を捕らえ、エルサレムとその神殿を破壊して、住民の一部をバビロニアに連行した。この二度にわたる住民のバビロニア連行が「バビロニア捕囚」という出来事である。これらの出来事の多くもまた、碑文史料や考古資料によってその史実性が裏付けられている。[13]

バビロニアは、イラン高原に興ったアケメネス朝ペルシアによって紀元前五三九年に滅ぼされる。アケメネス朝は、東はイラン高原から、西はアナトリア、エジプトまでをも支配下に置き、空前の巨大な帝国を築いた。アケメネス朝はまた、被支配民に対しては自治を認めるなど比較的寛容な政策を採ったことで知られている。そのような政策の下、南王国の子孫たちも、バビロニアからエルサレムに帰還することを許された。彼らの一部は実際に帰還し、バビロニアによって破壊された神殿を再建して、エルサレムを中心に「イエフド」と呼ばれる自治体を形成した。イエフドでは、エルサレム神殿の祭司階級が支配層となってアケメネス朝の権威を背景に実権を握った。[14]

紀元前三三三年、アレクサンドロス大王はシリアにおいてアケメネス朝の軍勢を潰走させ、パレスチナをも自らの支配下に置いた。アレクサンドロス大王の死後、パレスチナ一帯はエジプトのプトレマイオス朝とシリアのセレウコス朝の係争地となるが、最終的には後者が支配することとなる。紀元前一六七年、ユダヤ人たちはセレウコス朝に叛旗を掲げ、後にハスモン朝という王朝を創設してセレウコス朝

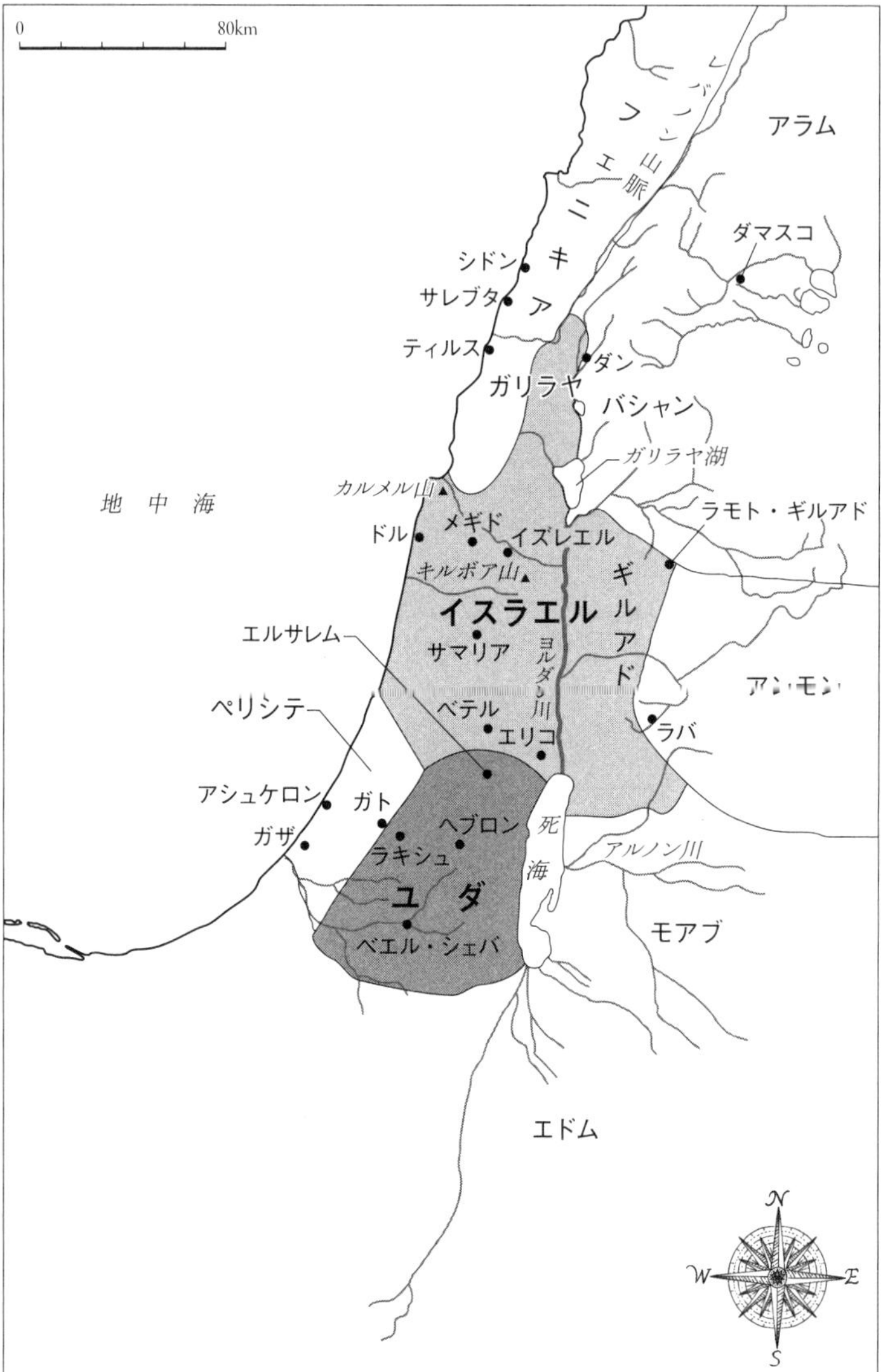

地図１　イスラエル王国とユダ王国（紀元前９世紀）

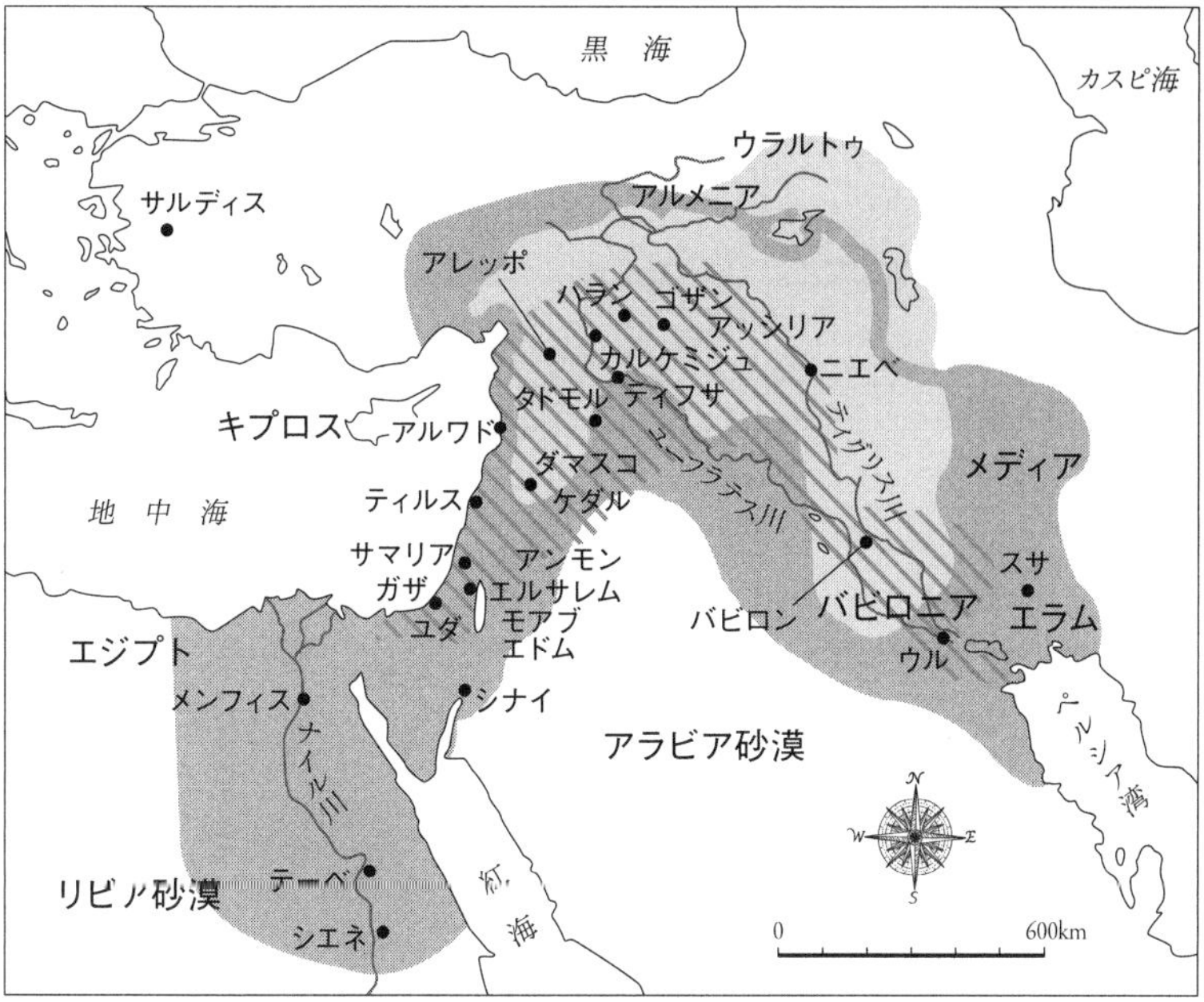

地図 2　アッシリア帝国と新バビロニア帝国（紀元前 9〜6 世紀）
前 824 年頃のアッシリア帝国／前 640 年頃のアッシリア帝国／前 550 年頃の新バビロニア帝国（©2000, American Bible Society）

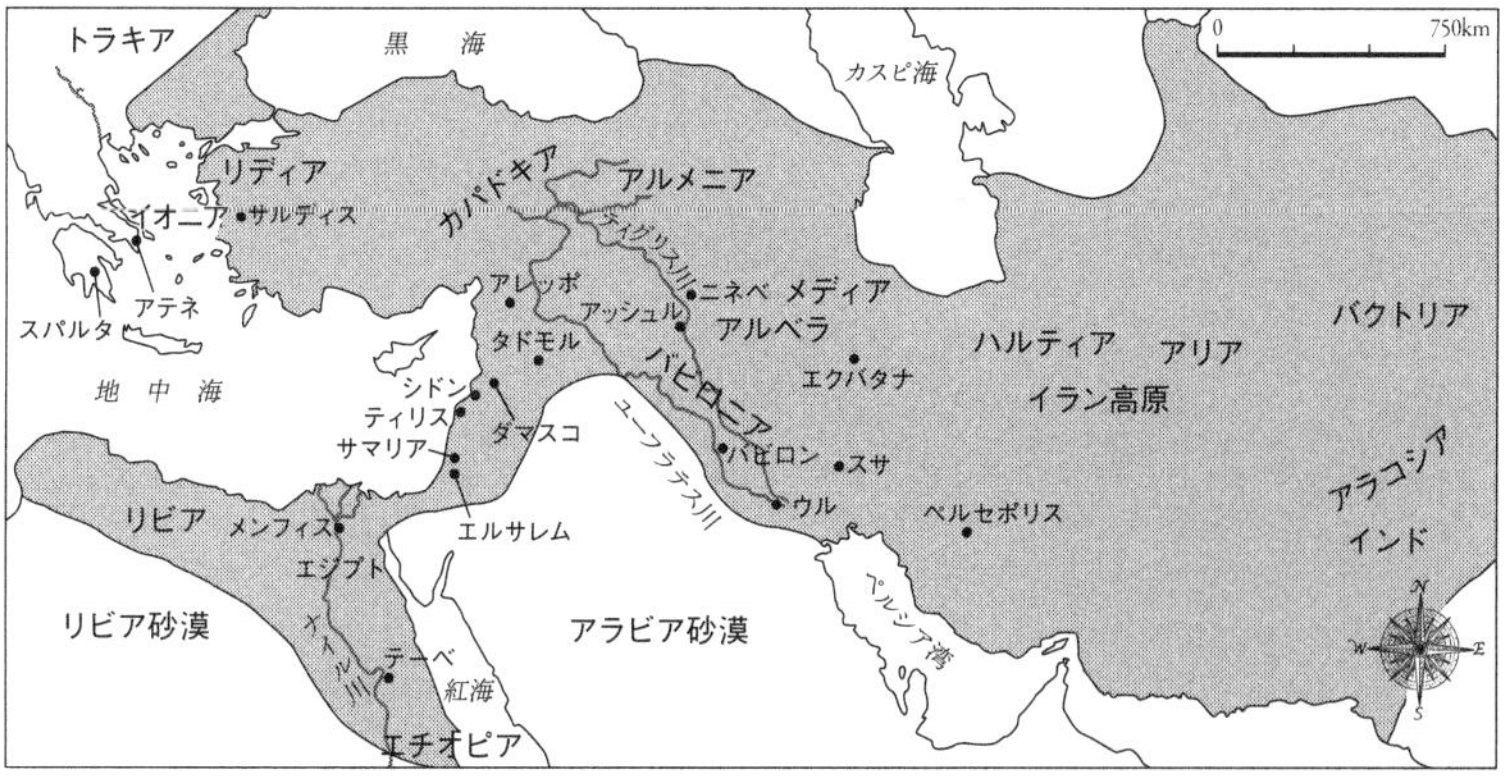

地図 3　ペルシア帝国（紀元前 550〜330 年）

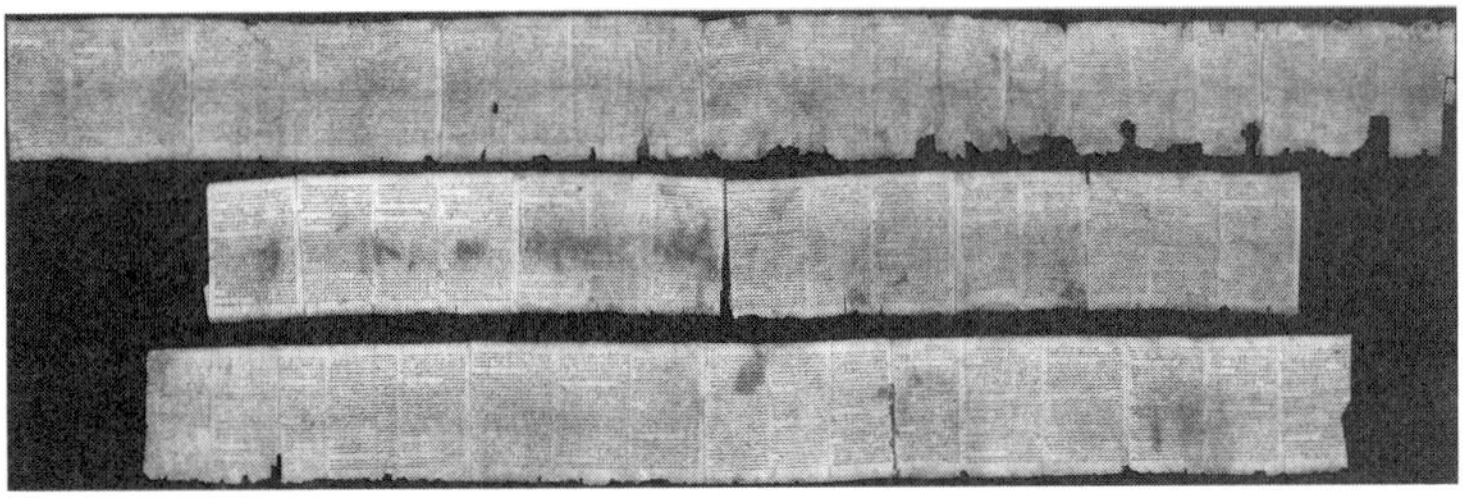

図3　イザヤ書の巻物（死海写本、紀元前2世紀頃、イスラエル博物館蔵）

からの半独立状態を勝ち取った。[15]

以上、本書の内容に関係するパレスチナの歴史をごく簡潔に素描した。本編をお読みになる際には、適宜この「歴史」に立ち帰って時代の流れを確認されたい。

旧約聖書のたどった歴史

本書が取り上げるのは〈戦い〉としての旧約聖書のテクストであるが、旧約聖書がどのように伝えられてきたのかについても少し触れておこう。

旧約聖書が最初に書かれたのがいつかはわかっていない。文字の普及状態から見て、紀元前九世紀よりも前ということはなさそうである。おそらくそれより後の時代になって、口頭で伝えられていた伝承やパピルスや獣皮紙、石やその他の媒体に記されていた記録などを基に、長い間かかって今日の旧約聖書を構成する一つ一つの書物が形成された。それら一つ一つの書物は、やがて巻物に書かれて保存されるようになった。

今日でも、そうした古い巻物が残っている。最も古いものは、「死海写本」と呼ばれるもので、今からおよそ二〇〇〇年前に写された写本である。当時は手写以外に写本を制作する方法はなかったため、写本には相当の時間とエネルギーを費やさねばならなかった。

これらの写本を制作したのは、旧約聖書を信仰していた人々、特にユダヤ人の学者たちであった。後に巻物から冊子体の形に変化するが、活版印刷技術の発明まで、彼らは非常に長い期間にわたって、手で一字一句書き写していったのである。

　人間が書き写すものだから、誤字・脱字はどうしても生じてしまう。一九三五年、なるべく誤りの少ない旧約聖書の活字本を作成しようと考えた研究者は、最古の完全な写本であるサンクトペテルブルク写本（レニングラード写本）をロシア国立図書館から借り出し、それを基にドイツのライプツィヒ大学で新たな写本を作成した。サンクトペテルブルク写本は一〇〇八年にシリアで作成された写本だとされる。この写本をもとに、一九三七年、ドイツのシュトゥットガルトで「ビブリア・ヘブライカ・シュトゥットガルテンシア」という活字本が出版された。

　今日世界の諸言語で出版されている旧約聖書の翻訳の多くはこのビブリア・ヘブライカ・シュトゥットガルテンシアに基づくものである。日本語訳のほとんどもまたこれに基づいている。

　その後、一九四七年に死海写本が発見された。死海写本はサンクトペテルブルク写本よりも一〇〇〇年ほど前に作成された写本であるため、手写の回数はそれだけ少なく、したがって誤字・脱字はさらに少ないものと思われる。しかしこれらの写本は多くが断片的であることから、最古の完全な写本は依然としてサンクトペテルブルク写本のままである。死海写本のテクストとサンクトペテルブルク写本のそれとを比較すると、長年にわたって写本作業がいかに注意深くなされてきたのかを知ることができる。それほど両者の間に誤字・脱字等によるテクストの違いが少ないのである。[16]

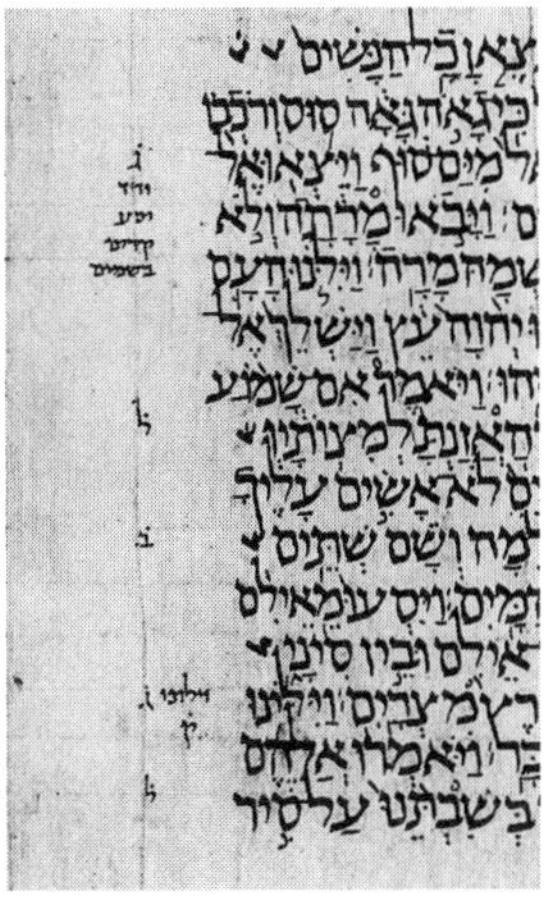

図４　サンクトペテルブルク（レニングラード）写本（出エジプト記15章21節〜16章3節、1008年、ロシア国立図書館蔵）

　つまり、今日読める旧約聖書のテクストの大部分は少なくとも二〇〇〇年前の人々（この中にはイエスも含まれる）が読んでいたものと大差ないということになる。

それでは旧約聖書の内容の「歴史」と書物のたどった歴史を頭に入れていただいたうえで、旧約聖書が繰り広げる〈戦い〉の世界を覗いてみることにしよう。

I　旧約聖書のなりたち

アンソロジーとしての旧約聖書

旧約聖書のテクストの背後に横たわる思想上の〈戦い〉について述べる前に、旧約聖書がどういう書物であるのかについて基本的な点を押さえておく必要があろう。

最初のポイントは、旧約聖書が一冊の書物ではない、ということである。旧約聖書は二〇〇〇年以上にわたり、ユダヤ教徒とキリスト教徒にとって「聖典」であり続けてきた。その中には、天地創造から始まり、ノアの洪水やバベルの塔、出エジプトやソロモン王の栄華といった、様々な出来事を描く物語が収められている。特に最初の部分は、物語が時間軸に沿って展開していることから、神が、自分の民としたイスラエルの人々と、さらに世界とどのように関わってきたのかを物語る壮大な歴史物語のようにも見える。

しかし、全体を見渡すと、旧約聖書が必ずしも連綿とした物語を語っているわけではないことに気づかされる。旧約聖書は、様々な伝承が集められ、取捨選択され、そして数百年以上の長い年月にわたって編集されて現在の形になった、いわばアンソロジーとも形容できる書物である。

アンソロジーである旧約聖書には複数の作品が収められている。さらに一つ一つの作品は章に、個々の章は節に、それぞれ必要に応じて分割されている[1]。古代のイスラエルの民、そしてそのアイデンティティを継承すると自任するユダヤ教徒たちは、[2] 旧約聖書に収められている以上の多くの文学作品を生み出してきた。旧約聖書はアンソロジーであるがゆえに、これら多くの作品の中から精選したもののみを収めている。

実は、旧約聖書の中にもそうした「失われた」作品について言及する箇所がある。例えば、ヨシュア記一〇章一三節とサムエル記下一章一八節はともに『ヤシャルの書』なる書物を参照するように読者を招いている。果たして、そのような名をもつ書物が実在したのかどうかを確かめるすべはない。

他方、旧約聖書に収められなかった作品で、「生き残った」作品もある。ユダヤ教徒以外のグループ、とりわけキリスト教徒が今日まで伝承してきたものもあれば、過去において滅びてしまったユダヤ教の非主流派が伝承したものが後に発見され、その存在が知られるようになったものもある。

アンソロジーには、ある言語で書かれた作品を執筆／成立の年代順に並べたものや、テーマ別に並べたものなどが存在する。また、同一の作者による作品を集めたアンソロジーの場合でも、やはり執筆年代やテーマ・ジャンルなどによって個々の作品を配列する場合が多い。

すでに触れたように、旧約聖書、より正確に言えばユダヤ教の聖書の最初の部分は、時間軸に沿って天地創造から紀元前六世紀初めまでを描く作品を並べている。「より正確に言えば」と述べたのは、キリスト教の旧約聖書では配列が若干異なっているからである（後述）。その後の作品はテーマ別に並べられているが、その並べ方やそこに含まれる書物は、ユダヤ教の聖書とキリスト教の用いる旧約聖書では異なるし、同じキリスト教の旧約聖書でも、どのグループが用いる聖書かによって異なっている。この違いを理解するためには「正典」という概念について説明せねばならない。

正典としての旧約聖書

旧約聖書に収められた作品を分類する仕方は、それぞれのグループによって異なる。ユダヤ教、プロテスタント、ローマ・カトリックにおける分類は次頁の一覧「ヘブライ語聖書／旧約聖書の正典」の通りである。

一覧の一番左の部分をご覧いただきたい。これがユダヤ教の聖書における「正典」の構成である。ユダヤ教では伝統的に聖書を「律法」、「預言者」、「諸書」の三つに分けている。三つの部分それぞれがさらに細分化されている。一番細かい分け方にしたがえば、「律法」には五つ、「預言者」には一九、そして「諸書」には一一の書があるので、合計すると三五書となるが、ユダヤ教では伝統的に二四と数える[3]。キリスト教で一二書と数える「小預言者」を「十二預言者」として一つと数えるからである。つまり、ユダヤ教の「預言者」はヨシュア記・士師記・サムエル記・列王記・イザヤ書・エレミヤ書・エゼキエル書、十二預言者の八つとなる。小預言者を一つと数えるのは、そこに含まれている書物がそれぞれ短いため、全部まとめて一つの巻物に書写されたことに由来するのだろう。つまり、ユダヤ教では全部で二四の巻物が「正典」に数えられていることになる。

では「正典」とはどのような概念だろうか。「正典」という語は、「カノーン」というギリシア語に由来する。この語は元来、ものの長さを測るのにしばしば用いられた「笏」を意味するが、それが転じて定規のように何かを測るもの、つまり「基準」を指すようになった。さらにそこから、「生活と信仰の基準」という意味が生まれ、紀元後三六七年にアレクサンドリアのアタナシウスが聖書（旧約・新約）に適用したのが端緒とされる[4]。

本書においては、今日広く学界で用いられているのと同様に、「権威ある聖なる書物と目されるものの完結した目録」という意味で「正典」という語を用いる。「完結した」ということは、これ以上何かが加えられたり、差し引かれたりといった変更が禁じられているという意味である。この意味において、

ヘブライ語聖書／旧約聖書の正典			
ヘブライ語聖書	**プロテスタントの旧約聖書**		**ローマ・カトリックの旧約聖書**
律法 創世記 出エジプト記 レビ記 民数記 申命記	**五書** 創世記 出エジプト記 レビ記 民数記 申命記	**預言者** イザヤ書 エレミヤ書 エゼキエル書 ダニエル書	**五書** 創世記 出エジプト記 レビ記 民数記
(前の) 預言者 ヨシュア記 士師記 サムエル記（上・下） 列王記（上・下） **(後の) 預言者** イザヤ書 エレミヤ書 エゼキエル書 小預言者（「12」） ホセア書、ヨエル書、アモス書、オバデヤ書、ヨナ書、ミカ書、ナホム書、ハバクク書、ゼファニヤ書、ハガイ書、ゼカリヤ書、マラキ書	**歴史書** ヨシュア記 士師記 サムエル記上 サムエル記下 列王記上 列王記下 歴代誌上 歴代誌下 エズラ記 ネヘミヤ記 エステル記	ホセア書 ヨエル書 アモス書 オバデヤ書 ヨナ書 ミカ書 ナホム書 ハバクク書 ゼファニヤ書 ハガイ書 ゼカリヤ書 マラキ書	**詩歌／知恵** ヨブ記 詩編 （ギリシア・ロシア正教は詩編151編とマナセの祈りを含める） 箴言 伝道の書 雅歌 （ソロモンの）知恵の書 シラ書
		外典 第一エズラ記 第二エズラ記 トビト記 ユディト記 エステル記への付加 （ソロモンの）知恵の書 シラ書 バルク書 エレミヤの祈り アザルヤの祈りと三人の若者の賛歌 スザンナ ベルと竜 マナセの祈り マカバイ記1 マカバイ記2	**預言者** イザヤ書 エレミヤ書 哀歌 バルク書 （エレミヤの手紙を含める） エゼキエル書 ダニエル書 (付加あり) ホセア書 ヨエル書 アモス書 オバデヤ書 ヨナ書 ミカ書 ナホム書 ハバクク書 ゼファニヤ書 ハガイ書 ゼカリヤ書 マラキ書
諸書 詩編 箴言 ヨブ記 雅歌 ルツ記 哀歌 コヘレトの言葉 エステル記 ダニエル書 エズラ記・ネヘミヤ記 歴代誌（上・下）	**詩歌／知恵** ヨブ記 詩編 箴言 伝道の書 ソロモンの歌		

「正典」とはテクストの最終形態ということもできるだろう。[5]

旧約聖書に収められている三五書の一つ一つは元来、独立した書物であったとされる。[6] 書かれた時代も異なれば、無論著者も異なる。[7]

これまで長い間、旧約聖書の正典はユダヤ教の聖書の配列順通り、「律法」、「預言者」、「諸書」の順番で確立していったと広く考えられてきた。この三段階説は、「律法」が紀元前五〇〇年頃までに、「預言者」が紀元前二〇〇年頃までにそれぞれ成立し、そして最後に「諸書」が紀元後一世紀末にラビ（ユダヤ教律法学者）たちの会議において正典に追加されることが決定されたとする。その会議が開催されたのはパレスチナのヤムニア（あるいはヤヴネ）という場所だったという。

こうした三段階説を裏付けるとされるのは次の事実である。最初の「律法」は、旧約聖書の他の書物の中で「モーセの律法」という呼称で言及されるものと実質的に同じものを指していると目される。[8]「モーセの律法」は、紀元前四〇〇年頃に成立したと考えられているエズラ記七章六節に言及され、そこではそれに従って生活するようにと諭している。そのため、この頃までに「律法」には権威が認められていたと考えられる。

紀元前一九〇年頃に書かれたと考えられるシラ書という書物の四六章一節〜四九章一〇節が、イザヤ、エレミヤ、エゼキエル、そして「十二人の預言者」と、「預言者」に含まれるすべての預言者に言及していることもまたこの説を補強する。[9] また、紀元前一六四年頃に記されたと考えられているダニエル書が「諸書」に入れられていることから、紀元前一六四年よりも前に「預言者」の正典はすでに決まっており、そこにダニエル書を追加することはできなかったと考えられるのである。

一世紀後半にユダヤ人歴史家ヨセフスが記した『アビオンへの反論』一章八節は、正典として二二という数の書物に言及している。[10] 一世紀末に記された第四エズラ書一四章四二〜四七節は、[11] エルサレムの神殿崩壊の際に失われた聖なる書物が、霊感を受けた人々によって口述される様を描いている。この描写によれば、神は全部で九四巻ある巻物のうち二四巻を公にし、誰にでも読ませるようにと言っている[12]。このことはすなわち、当時の人々が知っていた聖書は二四巻から成っていたということを意味している。

しかし、ヨセフスが言及する書物の数の方は二四ではなく、二二である。この二二という数字はどこから来たのだろうか。ルツ記と士師記、エレミヤ書と哀歌はしばしば、それぞれ合わせて一巻と数えられる[13]。ヨセフスも同様に何かと何かを一つにまとめ、四書を二書と数えたと仮定すれば、この二二という数字についても説明が可能である。そうであるならば、一世紀末までにユダヤ教の聖書には実質的に現在所収の二四巻すべてが含まれていたと考えてよいだろう。

確かにこうした証拠を基にすれば、一世紀末までに、現在のユダヤ教の聖書のすべての書物に権威が付与され、先に記した意味において「正典」とみなされていたと結論できよう。しかし、正典化の三段階説自体は近年否定されるようになってきた。

「諸書」の正典への追加が、ヤムニアという場所においてユダヤ教のラビたちによって決定されたという伝承は他に何の裏付けもない。こうした会議によって正典が決定されたと考える研究者は、ラビたちがユダヤ教の「正統」を打ち立てようとし、その際に「異端」を決めたのだとする。しかし、正統と異端を決定してきたキリスト教の「公会議」[14]のようにも見えるこうした会議が古代のユダヤ教にもあっただろうと仮定するのはおそらく誤りであろう。ユダヤ教には正統と異端を決めるという意味での意思決定機関はなかったからである。

また、シラ書序章は先述したシラ書の序文として紀元前一三二年頃に記されたが、その一〜二節に見られる「律法と預言者およびそれに続く他の書物」という表現は、「律法」と「預言者」という二部構成こそが当時権威を持っており、それ以外の書物はその周辺にあったに過ぎないことを示しているように見える。[15] この点に関しては、新約聖書の証言も重要である。遅くとも二世紀前半までに成立したルカによる福音書などには「律法と預言者」（一六章一六節）、「律法と預言者の書と詩編」（二四章四四節）などという表現が登場する。これらの用例は、当時のユダヤ教の聖なる書物の中核が「律法」と「預言者」であったことを示している。

以上のような理由から、今日では、旧約聖書の正典は長い期間かけて徐々に形成されたと想定されている。[16] 「律法」と「預言者」の一部と詩編の権威はかなり古くから認められていた。一連の正典化のプロセスが、紀元前五八六年のバビロニアによる神殿崩壊とそれに伴うバビロニア捕囚という出来事にまで遡れると考える研究者もいる。正典化はともかく、それまでの記録を集め、自らの過去を顧みて将来に希望をつなぐという作業が必要とされるようになった契機として、この大いなる国難を想定するのは正しいだろう。「律法」と「預言者」のどちらかが先に正典となったと考えるよりは、どちらも徐々に形成され、ともに権威あるものとされていったと考える方がより実態に近いと思われる。

こうして古くから権威を認められていた「律法」と「預言者」という中核の周辺に、それ以外の書物が次第に形成されていった。こうした周辺の書物の中には現在のユダヤ教の聖書に含まれる書物と、含まれていない書物とがあったことはすでに述べた通りである。[17] 含まれたものは「諸書」の各書で、含まれなかったものの中にも、キリスト教の聖書には含められ、後に「外典」、「偽典」と呼ばれるようになった書物がある（後述）。

後にユダヤ教内部には信条の異なる様々なグループが形成された。それに伴い、こうした周辺の書物群については、グループごとに重視する書物の差異が生じるようになった。例えば、死海写本を残したグループは今日のユダヤ教の聖書に含まれていないいくつかの書物を有し、それらを重視していたと思われる。しかしそれらの書物が旧約聖書に含められなかったことは、それらがユダヤ教全体で権威を持つにはいたらなかったことを示している。

こうしてユダヤ教の正典である旧約聖書から除外された書物でも、キリスト教の正典である旧約聖書に含められたものもある。先ほどの一覧をもう一度よく見ていただきたい。中央と右の列にそれぞれ、キリスト教の中で信徒の数が多いプロテスタントとローマ・カトリックの旧約聖書正典を挙げている。プロテスタントで「外典」という枠に入っているものは、ローマ・カトリックの方には見出せるが、ユダヤ教の聖書にはない。これらがユダヤ教の正典には入れられなかったものである。なお、旧約聖書の「外典」は聖書協会共同訳聖書では「旧約聖書続編」に所収されている。

異なる正典

同じ旧約聖書でも、ユダヤ教の正典とキリスト教の正典とで内容が異なっていることには理由がある。その背景を探るためには、ヘレニズム時代のユダヤ教の歴史について触れねばならない。

エルサレムを都とするユダ王国はバビロニアによって紀元前六世紀初めに征服され、エリート層の多くがバビロニアに連れて行かれた。その時代以降、ユダ王国の元住民とその子孫は、パレスチナに残った人々、バビロニアに連れて行かれた人々、さらにエジプトやシリアなど他の地域に移住した人々に分かれた。

古代イスラエルの神（ヤハウエ）を引き続き崇拝していた人々は、エルサレムの神殿が破壊されたことにより、この神への祭儀を実施する現実の空間を失った。[18] 古代西アジアにおいては、人間の戦争は神々の戦争でもあったため、バビロニアに敗北したユダ王国の神への信仰を失った人々もいたであろう。バビロニアの神々を信仰するようになった人々も少なくなかったかもしれない。古代において、信仰は生活の一部であり、不可分のものであったから、バビロニアの神々を崇拝するということは自らもバビロニア人になることを意味したのかもしれない。しかし各地へ離散していった人々の中には、それぞれの仕方で自分たちの信仰と生活を守ろうとした人々もいた。そういう人々にとって、神殿がなくなった今、生活の指針となったのが、持ち運びできる書物（巻物）であった。

それまでの「自分たち」の「物語」を後世に伝えるための著作・編纂活動が活発化した背景にはこうしたアイデンティティ消失の危機があったからだと考えられている。この時に始まった著作・編纂活動がやがて旧約聖書に結実していったのである。

紀元前六世紀末のアケメネス朝時代になると、エルサレムに神殿が再建された。それでも、引き続き他の地域に住んだ南ユダ王国の末裔たちは、書物を指針として生活を送った[19]。自らの王国を持ち、政治と祭儀が不可分な時代においては、神殿と連携した王宮こそが絶大な権威を有し、権威者、すなわち王や高官たちの口から発せられる命令によって人々の生活の様々な面が規定されていた。そうした権威が消失すると、文字で書かれた言葉、自分たちが連綿と伝えてきた伝承が記されている書物こそが生活において決定的な重要性を持つようになったのである[20]。

新バビロニアに続き、アケメネス朝ペルシア、ヘレニズム諸王国の支配下にそれぞれ置かれたこれらの地域では、人々の話す言語が変わっていった。ヘレニズム時代のパレスチナでは、ヘブライ語とは語彙や文法が類似し、長らく西アジアの国際語の一つであったアラム語が話されていたが、プトレマイオス朝の都であり、ヘレニズム世界の学術の都でもあったアレクサンドリアではギリシア語が話されていた。

ヘレニズム時代になると、「ユダヤ人」と呼ばれる人々が登場する。それは、かつてエルサレムを都とした南ユダ王国の末裔を自任する人々であった。かつての地名「ユダ（イェフーダー）」がアケメネス朝時代になると「イエフド」と呼ばれ、ヘレニズム時代には「ユダイア」と呼ばれるようになる。そこに住む人々が「ユダヤ人」であり、また住んでいなくても同じ生活習慣を持つ人々が「ユダヤ人」と自称し、またそのように他称されるようになった。[21]

紀元前三世紀、エジプトに移住して数世代後のアレクサンドリアのユダヤ人の中には、もはやヘブライ語で書かれた聖なる書物を十分に理解することができない人々も増えてきたのだろう。内容を理解せずにそれにしたがって生活を送ることは難しい。こうした状況下で、「律法」や「預言者」をはじめとする聖なる書物をギリシア語に翻訳する作業が始まった。

こうしてこの時代にギリシア語に翻訳された旧約聖書を「七十人訳」と呼ぶ。[22] この呼称は、アレクサンドリアを治めていたプトレマイオス朝の王プトレマイオス二世が、七十二人のユダヤ人祭司に命じて七十二日間かけて翻訳させたという伝説に基づいている。無論、これは伝説に過ぎないが、いずれにしてもこの時代のアレクサンドリアにおいてユダヤ教の聖書は徐々にギリシア語に翻訳されていったのである。

一世紀に誕生したキリスト教の初期の信徒たちは、その多くがギリシア語話者であった。そのため、新約聖書中に旧約聖書が引用されている場合、そのほとんどは七十人訳からの引用となっている。[23] その結果、キリスト教の旧約聖書正典は七十人訳における書物の分類法を採用することになった（後述）。また、「創世記（Genesis）」や「出エジプト記（Exocus）」といった旧約聖書に収められている書物の書名も、七十人訳におけるギリシア語名から採られた。こうして、七十人訳に収められていた書物が、キリスト教の旧約聖書の正典と目されるようになったのである。その中には、ユダヤ教の聖書には収められていないものもあった。

キリスト教の旧約聖書の書物の配列は、ユダヤ教の聖書のそれとは異なる。「律法」から「預言者」のうち「前の預言者」まではユダヤ教の聖書と同じ配列だが、ユダヤ教の聖書では「諸書」に入っているルツ記が士師記の後に置かれている。それはルツ記の冒頭（一章一節）に「士師たちが世を治めていた頃」という句があるからである。[24]「前の預言者」の最後の書である列王記の後に続くのは、やはりユダヤ教の聖書では「諸書」に入っている歴代誌・エズラ記・ネヘミヤ記・エステル記である（ローマ・カトリックではさらに数書が続く）。ここまでが「歴史書」という括りである。

歴史書に続くのは「詩歌」であり、ここに五つの書が並ぶ（ローマ・カトリックではこれに加えてさらに二書）。これらはすべてユダヤ教の聖書では「諸書」に属するものである。

それに続くのは、ユダヤ教の聖書の「後の預言者」と「諸書」の一部である（ローマ・カトリックではさらに数書）。例えばダニエル書は、ユダヤ教の聖書では「諸書」の一つであるが、新約聖書のマタイによる福音書（二四章一五節）はダニエルを預言者の一人に数えていることから、キリスト教の旧約聖書は、物語内の時代設定に沿い、ダニエル書をエゼキエル書の後に置く。さらに預言者エレミヤによって書かれたと考えられていた哀歌が「諸書」の他の書物から離されてエレミヤ書の後に置かれている。このようにキリスト教の旧約聖書の最後の部分は「預言者」に関する作品を集めたものとなっている。

こうして見ると、キリスト教の旧約聖書は、最初に歴史、つまり過去を語る書物が、次に現在を語ると解釈し得る詩歌が、そして最後に未来を語る預言書が並べられていることがわかる。未来を語る預言の部分を、それに続く新約聖書の直前に置くことによって、旧約聖書の預言が新約聖書において成就したことを強調する目的があったのである。つまり、キリスト教におけ

図5　七十人訳シナイ写本の哀歌（350年頃）

る旧約聖書の配列は、新約聖書の存在を前提としているのである。

その後、一六世紀になり、プロテスタントが出現すると、彼らの旧約聖書にはもう一つの変化が生じた。「聖書のみ」を標榜するプロテスタントたちはユダヤ教の聖書にない書物を自分たちの旧約聖書から除外したのである。そのため、プロテスタントの旧約聖書が収める書物はユダヤ教の聖書と同じになったが、書物の配列自体は従来のキリスト教のものを保持しつづけた。

こうしたプロテスタント側の動きに対し、一五四六年のトレントの公会議においてローマ・カトリック教会は、旧約聖書のすべての書物は等しく権威があり、すべて正典であるという旨を布告した。こうしてユダヤ教、キリスト教の異なるグループが、異なる旧約聖書の正典を持つにいたったのである。

著者は誰か

旧約聖書が、ユダヤ教（とそれ以前の、後にユダヤ教への流れにつながる諸思想・制度）が生み出した、様々な著者による多様なジャンルの作品から精選されたアンソロジーであることはすでに述べた。では、果たして個々の作品の著者を特定することは可能なのだろうか。
「モーセ五書」とも呼ばれるユダヤ教の聖書の「律法」の部分は、モーセによって書かれたと考えられてきた。しかし、すでに一七世紀にスピノザによって指摘されたように、自らの死と埋葬の記述を含むこれらの書物すべてをモーセが書くのは不可能であった。[25]
さらに研究が進むと、パレスチナでヘブライ語を表す文字が使われ始めたのが紀元前一千年紀に差し掛かるころ、そしてそれが普及したのが紀元前八世紀以降であったことが明らかになった。[26]モーセは紀元前一〇〇〇年よりも前の時代に生きた人と考えられているため、モーセ自身が文字を使って書物を著したと考えるのは難しい。[27]むしろ、紀元前八世紀以降に書物として書き記されたと考えたほうが理にかなっている。

エレミヤ書の中には、紀元前七世紀末から紀元前六世紀にかけて活動した預言者エレミヤが神からの啓示を受け、その言葉を書記に書かせたという記述がある（エレミヤ書三六章一〜四節）[28]。この時書記に書かせたものが現在読むことのできる旧約聖書中のエレミヤ書の一部と考えるなら、同様の仕方で他の書物が記されたと考えることもできる。その場合、著者はエレミヤなのか、書記なのか、はたまた神なのだろうか。

結局のところ、個々の書物の著者を探り当てることは不可能と言わざるを得ない。イザヤ書やエレミヤ書といった、預言者の名を冠した書物であれば、その預言者こそが著者と目されるかもしれないが、おそらくそうではなかっただろう。預言者には弟子集団がいたので、彼らが預言者の言葉を記憶し、あるいは部分的に記録したということはあったかもしれない。しかし、そうであっても、その言葉が伝えられていく過程で、様々な加筆があったことは疑う余地がない。そうした加筆は、テクストの背景を説明したり、テクストの言わんとしていること（と加筆者が考えたこと）を読者にわかりやすく説明するためのものであったり、同じ書物内、あるいは正典全体の中で生じ得る矛盾を解決するためであったりと、その役割は様々である。

エレミヤ書の冒頭から例を見てみよう。

ベニヤミンの地アナトトにいた祭司の一人、ヒルキヤの子エレミヤの言葉。ユダの王、アモンの子ヨシヤの時代、その治世の第十三年に、主の言葉が彼に臨んだ。さらにユダの王、ヨシヤの子ヨヤキムの時代にも臨み、ユダの王、ヨシヤの子ゼデキヤの治世第十一年の終わりまで、すなわち、その年の第五の月にエルサレムの住民が捕囚となるまで続いた。（エレミヤ書一章一〜三節）

この箇所の直後に、「主の言葉が私に臨んだ」（エレミヤ書一章四節）と、預言者エレミヤが一人称で語る場面が続く。つまり、ここに引用したその直前の部分は、この預言の背景を説明するものであり、エレミヤ書がどういう書物であるのかを説明するために付け加えられたものにほかならないのである。

そもそも、古代西アジアの文学作品には、現代の「著者性」という概念自体が当てはまらない。古代西アジアにおいては、著作権や知的財産権といった概念はほとんどなかった。それは文学作品のみならず、芸術作品においても同様だっただろう。こういった概念が発達するようになったのは、近世以降のヨーロッパにおいてのことである。古代西アジアでは、文学作品は古くから伝わってきた伝承であり、誰か特定の個人のものというよりは共同体全体の知的財産であった。

こうした伝承の活動に深く関与していたのは間違いなく書記であったろう。ヘブライ語の文字は二二文字に過ぎないとはいえ、古代において文字を自在に読み書きすることができたのは主としてそれを生業としていた人々、すなわち書記だけであった。彼らは様々な文書作成に携わるのみならず、書記学校などで古代からの伝承を教材として用いることによって、伝承の保存と次世代への伝達にも関係した学識者集団でもあった。伝承を筆に起こす過程、そしてそれを書き写す過程において、彼らがその内容にも積極的に関わっていたであろうことは想像に難くない。彼ら自身、伝えられてきた伝承に手を加え、読み易くしたり、矛盾を解消したりすることに何ら躊躇するところはなかったのではないだろうか。

そうなると、旧約聖書の個々の書物の著者は、人格としては存在しなかったに等しい。それらの書物は長い年月にわたり、多くの人間の手が加わって今日のような形になったのである。それらの文学的「成長」が止まったのは、テクストに一言一句加えても、またそこから削ってもいけなくなってから、つまりそれらに権威が付与され、「正典」となってからのことだったのである。

正典形成の過程

正典が形成される過程について、具体的なことはほとんどわかっていない。しかし、正典が形成されたということ自体は、次のことをはっきり示している。すなわち、話された言葉が書かれた言葉となり、それが話される言葉に代わって聖なるもの、権威あるものとして認められるようになった、ということである。[29] こうして「聖なる書物」という新たな概念が生まれた。「聖書」の誕生である。

書かれた言葉、すなわち書物を尊ぶという特徴はユダヤ教、キリスト教、イスラームという三つの宗教――「アブラハムの宗教」――に共通している。「アブラハムの宗教」とは、イスラエル民族の父祖とされるアブラハムに端を発する信仰的伝統を有している。ユダヤ教ではアブラハムを「信仰の父」「民族の父」とする。キリスト教はユダヤ教の伝統を引き、イスラームではアブラハムを預言者の一人と考える。イスラームはクルアーンを正典としつつ、旧約聖書や新約聖書の権威を認め、ユダヤ教徒やキリスト教徒を「啓典の民」と呼んだ。

旧約聖書の正典が複数の書物から成ることは、そのこと自体、旧約聖書全体の正典形成はおろか、各書の成立過程においても非常に大きな意味を持っている。各書物にはそれぞれが成立した社会的・歴史的背景ゆえの特徴があり、それが放つ固有の使信（メッセージ）というものもある。正典の中に複数の書物があれば、ある書物では扱われていない内容を他の書物が補うことも可能である。また、すでに権威があると目されている書物の影響のもとに、別の書物が編集されることもあっただろう。[30] こういう意味においては、正典化の歴史と個々の書物の歴史、また書物のグループの形成史との境界は不可分と言わざるを得ない。言い換えれば、正典全体が一書であるかのようなテクスト発展の歴史をも想定する必要があるのである。

以上の点を踏まえ、正典全体の形成でも、個々の書物の形成でもなく、どのように「律法」、「預言者」、「諸書」という三区分が形成されたのかについて考えてみることにしよう。ただし、この点については多くの研究者がそれぞれ自説を展開しており、ここでそれらを詳述することはできない[31]。以下では、現在、多くの研究者が同意している点を簡潔に示しておきたい。

最初に注目したいのが「律法」と「預言者」の区分である。すでに述べたように、この二つは「諸書」よりも早い段階で権威ある書物とみなされていたらしい。「律法」には、創世記、出エジプト記、レビ記、民数記、申命記の五書、預言者のうち、「前の預言者」には、ヨシュア記、士師記、サムエル記、列王記の四書がそれぞれ含まれている。これらを合計すると九書である。この九書は、創世記の天地創造の記述から始まり、紀元前六世紀初めのエルサレム神殿の破壊までの出来事をほぼ時系列に沿って描く、一続きの「聖なる歴史物語」として読むことができる。

この九書のうち、「律法」の五書が先に形成され、その後に「前の預言者」の四書が形成された、と考えるのが二〇世紀中頃から後半にかけての慣習となっていた。ところが近年、こうした考え方はおそらく誤りであることが示されるようになった。

むしろ、「律法」と「前の預言者」が分離される前に、「聖なる歴史物語」を語る九書という構成があったというのが今日有力な説となってきている[32]。これらの物語をつくる個々の構成要素がどのような時代背景のもとに書かれ、あるいは書き足されていったのかについては多種多様な説があり、研究者の間で意見の一致を見ていない。

いずれにしても、多くの研究者が、この九書がさらに「律法」と「預言者」に分割されたのは、アケメネス朝時代のことであったと見ている。広大な領土と、多様な民族を支配下に収めたアケメネス朝では、民族共同体ごとにある程度の自治を認めていたらしい。同時に、その自治の法的基盤を各共同体に提出させ、帝国の利益に反しない限りにおいてそれにお墨付きを与えることによって、帝国の安定を維持していたというのである。

その時に帝国当局に提出したのが、「律法」だったという説がある。しかし、「律法」内には、法的な内容とともに多くの物語が収められていることから、これをそのまま当局に提出したということは考えにくい。また、他の地域においてこうした帝国側の政策を裏付けている資料はどれも短く、特定の事柄に関するものに限られていることから、「律法」の形成は主としてエルサレムを中心とした共同体内部の必要を背景としていたとみなすべきであろう。

いずれにしても、今日の多くの研究者は、「律法」が残りの四書と切り離された背景に、アケメネス朝時代の何らかの外圧を考える。その後も「律法」と「前の預言者」にはそれぞれを分離させるための編集が加えられていった。[33]

「律法」の編纂に深く携わったのは、アケメネス朝時代にエルサレムで祭司を務めていた人々であったと想定されている。申命記三四章一〇節には「イスラエルには、再びモーセのような預言者は現れなかった」と記されている。これはモーセが最大の預言者であることを示しており、この後に続くヨシュア記以降の「預言者」にいかに多くの預言者が登場しても、あるいは現実に預言者を名乗る人物が出現しても、その人物はモーセとは比較できないということを示している。[34]

祭司たちはアケメネス朝時代において、神殿を中心とした共同体の頂点にいた。[35] 彼らは人々に法を守らせ、社会の（そして自分たちの特権的地位の）安定維持に努める必要があった。そのためには、神から直接啓示を受けたと主張する預言者はむしろ邪魔な存在となったのだろう。祭司たちは、モーセ以上の預言者はいないと言い切ることにより、話される言葉より、書かれた言葉が優先されるべき聖なる言葉であると主張したのだと考えられる。

申命記が「律法」の最後に置かれていることには、さらに意味があった。モーセは申命記の最後で死ぬ。彼は「約束の地」と呼ばれるパレスチナ西岸の地域に入ることなく息絶えたのである。ヨルダン川を渡って行く際に人々を指揮したのはモーセではなく、ヨシュアであった。申命記に続く、「前の預言者」の最初の書であるヨシュア記は、ヨシュアを指導者としたイスラエルの人々がパレスチナ西岸で遭遇した出来事を描く。モーセはいなくても、今や彼が残した書物、すなわち、「律法」がある。これを生活の指針にすれば繁栄が享受できる。そうした使信が、この聖なる歴史物語の人工的な分断（「律法」と「預言者」）の背後に見え隠れする。

　ヨシュア記以降、「前の預言者」が語るのは、イスラエルの人々が、「律法」に従うことに失敗した「歴史」である。失敗には厳しい罰が待っている。「律法」に、すなわち神に度々背き続ける人々の歩みは最終的にエルサレム神殿の破壊とバビロニア捕囚に帰結する。現在の「前の預言者」はそのことを示すための、つまり「未来」へ向けての反面教師の役割を担っているのである。

　「前の預言者」に続く「後の預言者」では、紀元前八世紀から紀元前六世紀末までが舞台となる。「後の預言者」が、アケメネス朝時代になってエルサレムに神殿が再建されるまでの時代を扱っていることは偶然ではない。それ以後、つまり神殿が再建されて以降、預言者は「不要」なのである。[36]

　さらにその後に続く「諸書」は成立が最も遅い書物の集成である。この部分は、預言者の時代も終わった「今」、「律法」を現実の生き方においてどのように適用するかを示す部分と理解することも可能だろう。

　こうした、ヘブライ語聖書／旧約聖書の形成過程についての学説を前提としつつ、続く部分では、正典形成に深く関係したであろう〈戦い〉について見ていきたい。

Ⅱ 「イスラエル」誕生をめぐる〈戦い〉――原イスラエルとは

「イスラエル」の登場

現在、「イスラエル」という呼称は、一九四八年に西アジアの片隅に誕生した現代国家の名前として使われる。現代において「イスラエル人」と言えば、その国の国民を指す。その中には自らを「アラブ人」と考える人々もいる。

しかし、現代イスラエル国家誕生まで、そしてそれ以降も「イスラエル人」あるいは「イスラエルの民」という言葉は「ユダヤ人」とほぼ同義で使われてきた。例えば、一九世紀末から二〇世紀初頭のフランスを舞台とするマルセル・プルースト著『失われた時を求めて』では、作中何度も「イスラエルの民」という表現が「ユダヤ人」と同義で使われている。

この「イスラエル」という呼称は、今から三二〇〇年以上前まで遡ることができる。当時エジプト第一九王朝のファラオであったメルネプタハ王が、自らの功績を誇る碑文（メルネプタハ碑文）の中で、パレスチナの中央丘陵地域にいた「イスラエル」という人々の集団に言及している。これが「イスラエル」に言及する現存する最古の文献史料である。[1] この碑文が作成されたのは紀元前一二〇八年頃とされる。

この碑文に言及される「イスラエル」が、旧約聖書が言及する「イスラエル」と同じ人々であるとい

図６　メルネプタハ碑文（カイロ考古学博物館蔵）

う確証はない。しかしその後、紀元前九世紀になると、ほぼ同じ地域に「イスラエル」を標榜する人々が現れている（後述）。そのため多くの研究者は、両「イスラエル」は、少なくともまったく無関係ではなく、両者の間に何らかのつながりがあると考えている。ここでは史上最古の「イスラエル」について考えてみよう。

動乱の時代

「イスラエル」に史上初めて言及する碑文が作成された時代、パレスチナを含む東地中海世界一帯ではどのようなことが起こっていたのだろうか。

考古学では、その時代に主として使われた利器の材料を参照して時代を分割することがある。なぜなら、その利器の登場によって社会のあり方が大きく変化するからである。紀元前に関して言えば、東地中海世界では、「石器時代」、「銅石器時代（金石併用時代）」、「青銅器時代」、そして「鉄器時代」の四つに大きく分けている。

東地中海世界においては、メソポタミアやエジプトで文字の使用が始まり、いわゆる「歴史時代」になるのが青銅器時代で、伝統的には紀元前三三〇〇年頃から紀元前一二〇〇年頃とされる。その直後が鉄器時代である。

メルネプタハ碑文が作成された時代は、この時代区分にしたがえば、青銅器時代の終わりに当たる。この時代、東地中海世界は動乱を迎えていた。今日、こうした動乱の主要な原因は気候変動にあったと考えられている。[2] 平均気温が低くなり、乾燥化が進んだことにより、とりわけアナトリア（今日のトルコ）やエーゲ海地域で人々がそれまでの居住地を放棄し、食糧等を求めて外部への移動を余儀なくされたというのである。

こうした「移動」は、特にそれが急激で大規模であればあるほど、移動する人々と移動した先に以前から住んでいた人々との間に武力衝突を生じさせることも少なくない。当時エーゲ海で繁栄の極みに達していたミケーネ文明や、アナトリアで強大な力を誇っていたヒッタイト王国、そして東地中海における交易拠点として栄えていたウガリト王国などはこの混乱の中で滅びている。この時に東地中海世界で大移動した人々は、総称して「海の民」と呼ばれてきた。

エジプトにおいてもこれら「海の民」の活動が確認されている。メルネプタハ王の時代に彼らは海からやって来て、エジプト軍と対峙した。さらにその後、エジプト第二〇王朝のラメセス三世の時代（在位紀元前一一八六〜紀元前一一五五年頃）にも「海の民」との戦闘が記録されている。エジプト側の碑文は、これらの人々の侵入を食い止めることに成功したとする。「イスラエル」が最初にエジプトの文献史料に現れるのはこうした動乱の時代なのである。

ヨシュア記対士師記

考古学もパレスチナにおける「イスラエル」という集団の出現を裏付けるという主張は、一九九〇年頃まで主流であった。東地中海世界一帯における動乱が起こる前の紀元前一六〜一三世紀のパレスチナは、エジプトの支配の下、都市化が進んだ時代であった。それぞれの都市にはエジプトのファラオの宗主権を認める在地の支配者がいて、彼らが都市と[2]その周縁を支配していた。

こうした都市文化が衰退するのが青銅器時代の終わり、紀元前一三世紀末以降のことである。「イスラエル」がパレスチナ中央丘陵地域に出現したのはちょうどこの時代である。

旧約聖書の出エジプト記には、いわゆる「出エジプト」の物語が収められている。エジプトに住んでいたイスラエルの人々が、ファラオの圧政に苦悶し、モーセを指導者にエジプトを脱出する物語である。出エジプト記に続くヨシュア記には、エジプトを後にした彼らがパレスチナに侵入し、その地にいた住民を征服したり追い出したりする様子が描かれている。ヨシュア記一二章は、征服した先住民都市の王も列挙する。

旧約聖書が描くイスラエル人によるパレスチナ征服の記述と、考古学が明らかにするパレスチナにおける都市文化の衰退とが重ね合わされ、また、「イスラエル」に言及するメルネプタハ碑文がその傍証として参照されて、出エジプトとそれに続くパレスチナへのイスラエルの人々の侵入が、長らく、紀元前一三世紀頃に起こった史実とされてきた。この年代は「出エジプト」の年代として、現在採用されている日本の高校世界史教科書にも記されている。[3]

一九八〇年代になると、「領域調査」という考古学調査が広範囲に行われ、[4]紀元前一二世紀以降、パレスチナ中央丘陵地域に集落が急増すること、さらにそれらの集落には共通する特徴的な物質文化があることが明らかになった。穀物などを収蔵するための半地下のサイロや、段々畑を築く点、家屋が四つの空間で構成される点（四間住居）、[5]さらに家屋が環状に連なって集落を形成する点などである。

こうした特徴をもつ文化は、それまで主として平野部に展開した都市文化とは異質のものであった。そのため、この文化は出エジプト後にこの土地にやって来て定住するようになったイスラエルの人々の、つまり外来の文化であると考えた研究者もいた。例えば、四間住居はその後の王国時代においてもパレスチナにおける住居の標準形態である。このように後の時代の物質文化との継続性を、イスラエルの人々が鉄器時代の初期にパレスチナ中央丘陵地域にやって来たことの証左と見たのである。

しかし一九九〇年代に入り、平野部の都市遺跡においても発掘調査のデータが蓄積されると、ヨシュア記が征服したと記す都市に必ずしも破壊の痕跡が見られないことがわかってきた。中にはその時代に人がまったく住んでいなかった都市もあることすら判明した。これらの考古学的データに依拠するならば、この時代に外来のイスラエルの人々がやって来て、先住民の都市を次々と征服したというヨシュア記の記述に沿ったシナリオは書きにくい。

そこで、考古学が示すデータは、ヨシュア記ではなくむしろ士師記の記述に近いという主張に注目が集まることとなった。士師記は、「士師」と呼ばれる非世襲の指導者たちにより、イスラエルの人々が、征服することのできなかった先住民たちとの抗争において徐々に勢力を拡大していく様子を描くものである。

旧約聖書の書物の並べ方にしたがえば、士師記はヨシュア記の後に置かれているため、すでにヨシュア記において先住民は一掃されているはずなのに、士師記はそれらの先住民の一部が依然として力を持っているかのように記述する。中にはヨシュア記の記述ですでに死んでいるはずの先住民の王が士師記にも登場し、イスラエルの人々と刃を交えるくだりすらある。[6]

こうした旧約聖書内部の「矛盾」と、士師記の記述の方が考古学的データに全体としてより合致するという点を踏まえ、先住民絶滅を喧伝するヨシュア記の排他的な征服の記述は理想を反映したもので、史実ではないという主張もなされるようになったのである。[7]

「イスラエル」の物質文化

ところが、さらに研究が進むと、当初紀元前一二世紀以降に中央丘陵地域に出現した物質文化は、必ずしもそれ以前に栄えていた都市文化と断絶しているわけではないことも明らかとなってきた。むしろ、日常使われる土器の型式などには明確な継続性が見て取れる。外来の土器は型式や装飾などにおいて大きく異なる場合が多いが、中央丘陵地域ににわかに増えた集落で使われるような土器は全体として、それ以前の時代の都市で用いられていた土器の発展型と考えられるのである。

また、丘陵地域において集落数が増加した時代は、紀元前一二世紀以降のみではなかった。これより前にも同様の現象が見られる時代があったのである。両方の時代の物質文化を比較したところ、両者に極めて類似した点が見られることも明らかになった。同じ地域において異なる時代の物質文化が類似することは、その地域の環境に適応するための戦略を反映していると考えてよい。例えば、丘陵地を開墾しようとするなら段々畑をつくるのは当然とも言える。そうであるならば、紀元前一二世紀以降の中央丘陵地域における物質文化が平野の都市遺跡のそれと異なるのは、外来の物質文化の流入というよりも、環境適応の結果であったと考えられるのである。

一九八〇年代以降のこうした考古学的研究の成果は、これまでの歴史観と旧約聖書の記述の史実性に対する見方に大きな変更を迫った。旧約聖書の記述にしたがえば、イスラエルの人々はエジプトから来た外来の人々であり、パレスチナの先住民を滅ぼしてそこに住み着くようになったはずである。ところが、紀元前一二世紀以降にパレスチナ中央丘陵地域に住むようになった人々は平野の都市国家の文化を継承している。つまり、これらの人々は外部から来たのではなく、もともとパレスチナ内部にいた人々であった。もしこれらの人々がイスラエルの人々ということになれば、彼らは先住民の中から現れたことになる。

　旧約聖書は、ヨシュア率いるイスラエルの人々は、神の命令にしたがって先住民たちを滅ぼしたとする。しかし、もし彼ら自身もその先住民であったとするならば、その滅ぼすべき相手とは自らの同胞であったことになるのである。

　旧約聖書の記述の史実性を揺るがしたこの考古学的研究の成果は同時に、物質文化と「民族（エスニシティ）」とを安易に結びつけて考えることの危険性をも示していると言えよう。

「歴史的イスラエル」、「原イスラエル」、「聖書的イスラエル」

　ここで言う「歴史的イスラエル」とは、史実として実在が確認できるイスラエルのことで、後述するように紀元前九世紀以降の「イスラエル」がこれに当たる。これとは別に、「原イスラエル（proto-Israel）」という概念がある。それは、王国時代に「イスラエル」と自称し、また他称され、旧約聖書が「イスラエル（の子ら）」と呼ぶ人々の先駆者と想定される集団を指す。[8] 文献史料で言えばメルネプタハ碑文に言及される「イスラエル」がこれに相当し、考古学的には紀元前一二世紀以降、パレスチナ中央丘陵地域に住み始めた人々がこれに当たる。彼らは旧約聖書が言及する「イスラエル」とは同一視できないものの、その源流に当たるだろうという考え方によって生み出された概念である。

　これに対し、旧約聖書の出エジプト記、ヨシュア記や士師記が語る「イスラエル」は「聖書的イスラエル」とでも呼べるだろう。「聖書的イスラエル」と呼ばれる集団は、出エジプトの物語やパレスチナ先住民を征服した物語の主人公たちである。出エジプトやパレスチナ征服については、それらを裏付ける証拠が不十分であるため、この人々をもって「歴史的イスラエル」とは言いがたい。ただし、同じ旧約聖書であっても、列王記に記述されている「聖書的イスラエル」は、同時代碑文史料等の裏付けから、

「歴史的イスラエル」と重なり合う部分が大きいと言える（後述）。

一度概念を整理しておこう。「原イスラエル」は考古学的にパレスチナ中央丘陵地域にいた人々を指すという意味では「歴史的イスラエル」であるが、彼らが「イスラエル」と自称する、あるいは他称される集団であったのかどうかについては確証がない。依拠できるのはメルネプタハ碑文のみであり、それも作成年代が紀元前一三世紀末と、若干だがこれらの集団の出現年代よりも早い。また、この集団が紀元前九世紀以降にパレスチナに実在が認められる「歴史的イスラエル」に連なるというのも仮説に過ぎない。縄文人を日本人と呼べるか、という問いに、読者諸賢はどのように答えるだろうか。弥生人であればどうだろう。パレスチナは古来様々な人々が行き交う地域であったから、他地域からの人々の流入もまた頻繁であった。そうであれば、紀元前一三世紀末に「イスラエル」と呼ばれた人々と、紀元前九世紀以降の「歴史的イスラエル」を構成する人々との間に、血縁関係を含めどの程度のつながりがあるのかは不明と言わざるを得ない。要するに「原イスラエル」は、後世の歴史上の「イスラエル」と、紀元前一二世紀以降にパレスチナ中央丘陵地域に出現した集団との間を橋渡しするためにつくられた概念なのである。

なぜそのような架橋が必要なのだろうか。その理由は、旧約聖書内では、「イスラエル」という呼称が、「歴史的イスラエル」が登場する紀元前九世紀をはるかに遡って用いられることにある。しかし、果たしてどこまでが実際に「歴史的イスラエル」なのか、現存する史料では決定できない。そこで、「歴史的イスラエル」とは言えないが、「聖書的イスラエル」と重なる可能性のある、より古い集団を「歴史的イスラエル」とは区別して「原イスラエル」と呼ぶことにしたのである。

出エジプト記、ヨシュア記、そして士師記の筆者たちが、自らの先祖に関する何らかの伝承の核を膨らませて物語を記した可能性は決して低くない。そのような伝承が伝えられていたことは当然とも言えよう。その伝承の核には紀元前九世紀よりも古い「歴史的イスラエル」の記憶があった可能性はあるものの、その核がどこまで大きいかは不明である。

むしろ物語の筆者たちは、伝承を核にしつつも現に存在している「自分たち」＝「イスラエル」の「過去」に執筆当時の、つまり「現在」の理想を投影して物語を編んだのだと考えられる。そのために彼らは、「過去」を語る物語の中に、例えば「前の預言者」に特徴的な、「律法」への不従順は破滅をもたらすなどといった、「こうしてはいけない」という、自らが学ぶべき教訓をも織り込んでいる。彼らは自分たちの現在のために、そして未来のために、「過去」をつくったということもできるだろう。そのような仕方で彼らは、自らの起源を神との関係の歴史の中に位置づけようとしたのである。

イスラエル誕生をめぐる〈戦い〉

出エジプト記等、王国時代をさらに遡る「イスラエル」の「過去」の物語を記した筆者たちは、自らの過去について、どれほど正確な知識を持ちあわせていたのか、今となっては知るすべもない。出エジプトという出来事は、ある意味イスラエルの誕生を決定づける出来事として旧約聖書に描かれているが、創世記によれば彼らの「過去」はさらにそこから遡る。

創世記は、「イスラエル」という名称が個人名に端を発するものとする。その個人とは、ヤコブという名前で創世記に登場する人物で、ユダヤ教が「信仰の父」と敬うアブラハムの孫である。ヤコブはパレスチナのある場所で、「神」と遭遇して格闘し、その時に「神」から「イスラエル」と名付けられたという（三二章二三〜三一節）。ヤコブには十二人の息子がいて、彼らがイスラエル十二部族の祖となったとされる。ヤコブはこの息子たちと一緒に、飢饉のあったパレスチナからエジプトへ移住したことになっている（四六章）。この時のヤコブの年齢は一三〇歳であった（四七章九節）。

出エジプト記一二章四〇節には「イスラエルの人々がエジプトに滞在していた期間は四百三十年であった」と記されている。仮に、出エジプトという出来事が史実で、それが高校世界史教科書の記述通り紀元前一三世紀に生じたとするならば、「イスラエル」の別名を持つヤコブたちがエジプトに移住したのは紀元前一七世紀ということになる。ヤコブが生まれたのはさらにそれよりも一三〇年前の紀元前一九世紀頃ということになろう。先述のようにメルネプタハ碑文が「イスラエル」に言及する最古の史料であることから、旧約聖書の記述における最古の「聖書的イスラエル」の史実性もまた確かめることができない。[9]

ヤコブの祖父アブラハム、ヤコブの父イサク、そしてヤコブの時代を「父祖たちの時代（族長時代）」と呼ぶ。かつては、創世記一二～五〇章に描かれるこの時代の出来事の史実性については、概ね信頼できるという意見が主流であった。しかしその後の研究で、これらの物語はもっと後の時代の現実を反映する記述が多いことが判明した。[10] また、これらの物語には、多分に伝説的な要素も見られる。例えば、この三人がギネスブックに載るぐらい高齢まで生きたことが挙げられる。アブラハムは一七五歳（創世記二五章七節）、イサクは一八〇歳（創世記三五章二八節）、そしてヤコブは一四七歳（創世記四七章二八節）で死んだというのである。当時の一年の数え方は今よりも短かったのだという主張もあるが、それは何とか旧約聖書の記述の「正確性」を擁護しようとするもので、受け入れられているとは言い難い。同じ旧約聖書の中でも、この時代以降に登場する人物の寿命はもっと短いからである。

旧約聖書によれば、アブラハムよりもさらに前の世代の人物の中には数百年以上を生きた人物もいるという。[11] こうした極端な長寿は額面通りに受け取るべきものではなかろう。先祖たちが恐ろしく長生きしたという記述の背後には、これらの数字をつくり出した人々が、自分たちの起源をより古い時代に遡らせようとした努力が透けて見える。古来の伝承には、父祖たちが何歳まで生きたかといった具体的な数字はおそらくなかったか、少なくともその数字すら伝承の過程で創作されたものだったのだろう。

　メソポタミアに栄えた文明は、「王名表」を作成し保管していた。代表的なものは「シュメール王名表」、「アッシリア王名表」、「バビロニア王名表」の三つである。王名表には、王の名とともに具体的な統治年数が記されている場合も多い。シュメールの王の中には、一万年を超える治世が記されている人物もいる。こうした数字はもはや現実的な数字からは程遠い[12]。

　アッシリア王名表は、それぞれの王の統治年数こそ常識的範囲ではあれ、紀元前二〇〇〇年頃の王まで遡ることが可能であるし、さらにその前に三〇人ほどの、統治年数が記載されていない王の名も列挙されている。バビロニア王名表も紀元前一九世紀に統治していた王にまで遡ることができる。時代が下るほど、王名表に記載される王が実在したこと、彼らの統治年数も他の史料と合致するケースが多いことがわかっている。そのため、とりわけアッシリア王名表とバビロニア王名表には一定の史料価値が認められている[13]。

図７　アッシリア王名表断片（紀元前７世紀、アッシュル出土、イスタンブール考古学博物館蔵）

　メソポタミアの王たちは、このような王名表の作成・保存・伝承により、自らの出自が古く遡れる由緒正しいものであることを示そうとしたのだと見てよいだろう。日本でも皇室の万世一系が唱えられることがあるが、これが天皇支配の正統性の主張と結びついていることは言うまでもない。簡単に言えば、古くから連綿と続いている家系が素晴らしいという発想である。

　旧約聖書の筆者たちの中には、紀元前六世紀のバビロニアで暮らした人々もいたはずである。彼らはそこでバビロニアの文化に触れた。中にはバビロニアの言語を学び書記になった者もいたであろう。書記の教材にはさまざまな古来の神話や文学が使われていたため、王名表を目にする機会もあったかもしれない。あるいは、紀元前八世紀以降、アッシリアの支配下にあった時代に、アッシリアの王名表を学んだ人物もいたかもしれない。王名表を実際に見なくても、自分たちの国の歴史はこれだけ古いのだという自慢を、アッシリア人やバビロニア人から聞かされる機会はあっただろう。

王国時代の出来事を「絶対年代」決定の楔に用い、さらに旧約聖書に記された年代の数字を使うと、アブラハムの誕生は紀元前二二世紀頃と計算できる[14]。これは奇しくもアッシリアやバビロニアの最初期の王の治世年代とそう変わらない。

自らの出自の古さを誇るアッシリアやバビロニアの人々に対し、自分たちもこのように古い先祖を持っているのだと対抗するために敢えて大きい数字を父祖たちの寿命に割り振ったのか、あるいは偉大な父祖たちは寿命も常人より長いと考えてそうしたのか、この辺りは推測の域を出ない。いずれにせよ、こうした「歴史物語」の筆者たちは、イスラエルの起源を当時よりもかなり古い時代に設定しようとしたことは間違いないだろう。自分たちより強力な国の人々の支配下にあって、これらの筆者たちは、自らの出自の古さに関する静かな〈戦い〉をテクスト上で展開したのである。

「歴史的イスラエル」誕生の背景

では、「歴史的イスラエル」は一体いつ誕生したのだろうか。ある集団が自らを一つのまとまりと意識するのは、自分たちとは明らかに異なる人々の集団と遭遇した時である。意識される集団間の差異が大きければ大きいほど、今度はそれまで「自分たち」の間で意識されていた小さな差異は等閑視されるようになる。差異を感じた「彼ら」と敵対的な関係になれば、その差異が強調され、しばしば増幅される。その過程で等閑視できるぐらいの小さな差異を持つ集団が団結し、より大きな「自分たち」を創り出すこともあるだろう。
古代ギリシアでは、ポリスと言われる都市国家が一つの政体を成し、平時はポリス同士で争うなどしていた。しかし戦争中であっても、四年に一度オリュンピアで開催されるオリュンピア大祭の時は休戦したとされる。紀元前五世紀初頭、アケメネス朝ペルシアとアテナイが対峙することとなると、これをギリシア全体の危機と捉えた諸ポリスが連合し、最終的にペルシア軍を撃退した。このように結束を固めることができたのは、古代ギリシア人が単に同じ言語を話していたということだけではなく、オリュンピア大祭における交流を維持していたことをはじめ、デルフォイなど共通の聖域と共通の神話を持ち、それらを大事にしていたことがあったからだと言われる。ホメーロス作と伝えられる『イーリアス』や『オデュッセイア』という作品も、彼らの先祖であるギリシア人の共通の「過去」を物語るものとして人口に膾炙していたのだろう。これらの神話や叙事詩の場面を描く壺絵が古代ギリシアの各地で出土する。

ここに記したのは、自らを同質と考える集団が形成される過程を示す一モデルに過ぎない。そのような集団の形成には長い時、おそらく何世代かは必要だろう。また、すべてが自発的なプロセスであったわけでもないだろう。指導層が意図的にそうした団結意識を植え付けるということもあったかもしれない。例えばアッシリアは、征服した国や地域の人々の反乱を防ぐために、住民の一部を他の遠く離れた地域の住民と交換する政策を採用した。その結果、住民は自分たちの元のアイデンティティを喪失し、数世代を経るうちにアッシリア市民としてのアイデンティティを獲得したのだと言われる。この過程は、アメリカ合衆国への移民の例と比較できるだろう。旧約聖書のテクストは、そうした団結意識あるいはアイデンティティの形成もしくは醸成に一役買った、と筆者は考えている。

紀元前一三世紀に始まった「動乱の時代」に、パレスチナに古くから住んでいた人々は自らとは異なる集団と遭遇した。エーゲ海地域を起源とする「海の民」の一部が、パレスチナ沿岸部に移住してきたのである。彼らは自分たちとは異なる言葉を話し、異なる出で立ちをし、凝った装飾の土器を用い、割礼を施さず、そして豚を食事に供した。

このような「異質」な集団と遭遇し、交流した結果、当時のパレスチナ住民の間で「自分たち」のアイデンティティが先鋭化したのではないだろうか。この時代以降に見られる、それまでは多少なりとも装飾を施していた土器から装飾がほとんどなくなる、豚を食べていた地域の人々が豚食を忌避するようになる、割礼が徹底される、などといった現象がこうした先鋭化の結果だったのかもしれない。

さらに共属意識を強めるためには、このように目に見える形での新たなアイデンティティ形成の他に、古代ギリシアでもそうであったように、共通の「神話」を持つことが有効である。それも自分たちがどういう人々であるのかを説明するような「過去の物語」、すなわち「民族創世神話」が必要とされる。こうした物語は、無からつくられるのではない。

日本は、七世紀末から八世紀にかけて、中央集権化を果たし、一連の大きな改革を行って、律令国家としての基盤を築いた。この時代に編纂された『古事記』や『日本書紀』という文学作品、とりわけ前者は、それまで口承で伝わって来た伝承を基にしつつ編まれた書物と考えられる。[15] 国司を中央から派遣し、地方を直接支配するようになった朝廷は、天皇による支配の正統性を文字によっても裏書きしようとしたのである。

古代のパレスチナの人々にとって、彼らを結びつけるような「共通の過去」とは、自分たちが同じ神によって救われたという一つの経験の記憶であった。それが「出エジプト」という出来事である。「出エジプト」という出来事が旧約聖書に記されているような仕方では生じていなかったであろうことについてはすでに触れた。おそらくそれは、後に「歴史的イスラエル」を構成した人々の祖先の一部が経験した奇跡的な出来事だったのだろう。[16] 出エジプト記をはじめ、旧約聖書のいたるところでこの出来事がヤハウェと強く結びつけられて伝えられていることから考えると、そうした経験をした人々はヤハウェの崇拝者だったのかもしれない。[17]

この奇跡的な経験はヤハウェへの感謝につながり、その感謝を表す儀礼が行われるようになったことだろう。こうした儀礼が、やがて今日に至るまで祝われている「過越祭《すぎこしさい》」という祭りの原型になったものと思われる。彼らが「ヤハウェによる救い」と確信した出来事の強烈な記憶は、実際にその経験をしていない人々にも伝わり、さらに世代を重ねるうちに彼らの共通の「神話」となった。[18] 結果としてアジア・太平洋戦争において悪い方向に働いてしまったが、日本の場合、元寇の時の「神風」の「記憶」などもこれに類する出来事と言えるのではないだろうか。現代では、ナチスによるホロコーストも悲劇としての「記憶の共有」という点では似ていると言えよう。

こうした「共通の過去の物語」に、パレスチナ諸地域の人々がそれぞれ伝えていた伝承が結合していったのだと思われる。その中には共通の祖先である「イスラエル」という人物の伝承も含まれていたのだろう。[19] こうして「歴史的イスラエル」は、紀元前一三世紀末から紀元前九世紀までの間に徐々に形成され、またこうした「共通の過去の物語」の形成はその後も続いていったのである。テクストに反映されるこうした思想上・文学上の営みもまた、直面する現実に対応するために、旧約聖書の筆者らが自らの「共通の過去」を構築すべく奮闘した〈戦い〉と呼べるだろう。

Ⅲ　神のアイデンティティをめぐる〈戦い〉——われわれの神は誰か

忘れ去られた神名

旧約聖書の神の名は何か。その神とは一体何者なのか。この問いをめぐる複雑なテクストの歴史を繙くと、そこにも思想上の〈戦い〉の跡が浮かび上がる。

旧約聖書の神について、一部の高校世界史教科書もしくは倫理の教科書には「唯一神ヤハウェ」とその名が記してある。「ヤハウェ」が神の固有名とされるのである。しかし、この発音が正しいかどうか、実ははっきりとわかっているわけではない。ちなみに古い文語訳の聖書を見ると、同じ神が「ヱホバ」という名で登場する。

なぜ神の名の発音がわからないのだろうか。その理由は二つある。一つは、古代ヘブライ語という言語が、基本的に子音しか書かなかったことにある。HSGW に適当な母音を補って読め、と言われたら、読者諸賢はどのように発音するだろうか。これが日本人の姓の一つと知っていれば、HaSeGaWa と多くの人は読むかもしれない。しかし、HoSoGaWa という可能性も、HiSaGaWa という可能性も、はたまた HuSaGaWa や HaSuGaWa という可能性もある。ちなみに、現代ヘブライ語においても母音は書かないのが常なので、筆者が自らの姓を HSGW と書いても、「ハセガワ」と読んでくれるイスラエル人はまずいない。「ハスガワ（Hasgawa）」と読んでくれればまだよい方で、「ハスグワ（Hasgwa）」などと読まれる

図８　YHWHに言及する銀製巻物の一部（ケテフ・ヒンノム出土、紀元前600年頃、イスラエル博物館蔵、上から２行目の４字が右からYHWH）

ことが多い。[1]

しかし、旧約聖書に言及される、他の多くのヘブライ語固有名詞については、その発音がわかっている。例えば、イスラエルという言葉はアルファベットではYSR'Lと書くのだが、これをヤサリウロ（YaSaRi'uLo）でもヨソロアラ（YoSoRo'aLa）でもなく、イスラエル（YiSRa'eL）と読むことについてはまったく異論がない。イスラエルという読み方が古来ずっと保存され、今日まで伝わってきたからである。

そうなると、神の名の発音がわからなくなった理由は、古代において子音しか記さなかったことのみにあるわけではないことになろう。もう一つの、より重要な理由は、旧約聖書を使用してきた人々が、ある時から神の名を発音するのをやめてしまったことにあった。十戒の一つは「あなたは、あなたの神、主の名をみだりに唱えてはならない。主はその名をみだりに唱える者を罰せずにはおかない」と命じる（出エジプト記二〇章七節）[2]。

この「みだりに」という文言は、おそらく魔術などの召喚に用いてはならないという意味だと考えられる。しかしみだりに唱えると罰を受けると記されているがゆえに、徐々に正式な祭儀の時にしか神の名を発音しなくなり、おそらく紀元前三世紀頃までにはまったく発音しなくなった。ヘブライ語の聖書に母音記号が記されるようになった中世までに、本来の発音は忘れ去られてしまったのである。

旧約聖書の神の名はYHWHと記されている。今日最もポピュラーな版の旧約聖書中にこの名は六八二八回用いられている。ユダヤ教を奉ずる敬虔な人々はその箇所に出くわすと、この名を発音する代わりに、「わが主」を意味する「アドナイ」などと発音する。すでに古代ギリシア語訳から「主」と訳していたこともあって、文語訳以外の多くの日本語訳聖書では「ヤハウェ」ではなく「主」という訳語を当てている。

したがって、「ヤハウェ」という読み方は、古代のギリシア語文献等でこの神に言及する時の綴りなどを参照して理論的に復元されたものなのである。

神の自己紹介

初対面の二人が最初にすることはなんだろうか。多くの人間は、初めて会う相手に警戒心を抱く。現代の日本において初対面の二人は、自分の名と社会的属性を相手に伝えることから始めるのが一般的ではないだろうか。自ら名乗ることによって相手の警戒を解きつつ、同時に相手にも同様に素性を明かすことを暗に求めるのである。これを「自己紹介」と言う。旧約聖書には神が人間によって自己紹介させられる場面がある。早速、出エジプト記三章からその箇所を読んでみよう。


モーセは神に言った。「御覧ください。今、私はイスラエルの人々のところに行って、『あなたがたの先祖の神が私をあなたがたに遣わされました』と言うつもりです。すると彼らは、『その名は何か』と私に問うでしょう。私は何と彼らに言いましょう。」神はモーセに言われた。「私はいる、という者である。」そして言われた。「このようにイスラエルの人々に言いなさい。『私はいる』という方が、私をあなたがたに遣わされたのだと。」

重ねて神はモーセに言われた。「このようにあなたはイスラエルの人々に言いなさい。『あなたがたの先祖の神、アブラハムの神、イサクの神、ヤコブの神である主〔ヤハウェ〕が私をあなたがたに遣わされました。』

これこそ、とこしえに私の名
これこそ、代々《よよ》に私の呼び名。」（出エジプト記三章一三〜一五節）

この場面は、イスラエルの人々が出エジプトを果たす前、依然としてエジプトに滞在している時のものである。モーセは、神からイスラエルの人々をエジプトから導き出す役割を与えられる。まずモーセはイスラエルの人々の前に行って、自分が先祖の神から遣わされていることを信じさせねばならない。そのためにモーセは神に自己紹介を求めたのである。モーセの巧みな聞き方に注目されたい。要は「あなたの名は何か」と彼は聞きたいのである。神にそうずけずけと尋ねるのは畏れ多いので、人々があなたの名を問うだろうから教えて欲しい、と婉曲的に名を明かすよう要求している。なお、モーセは神の姿を見ていない。その姿を見ることを恐れて顔を覆ったとされている（出エジプト記三章六節）。つまり、電話をかけてきた相手に名前を尋ねるのと同じ状態だと考えていただきたい。

さて、このモーセの問いに対し神は、「私はいる、という者である」と返答した。より原語のニュアンスに近づけて訳せば、「私は私があるところの者である」もしくは「私は私があらしめるところの者である」となろうか。[3] 禅問答の答えのようなこの神の回答は、モーセの問いに対して神が明確な返答を拒絶していることを明らかに示す。もっとわかりやすく言えば「私は私だ！」と言っているのである。神は多少怒っているのだろうか。電話でこう言い続ける人がいるならば、それは相手を困らせることになろう。最悪の場合、ある種の詐欺の疑いをかけられて警察に通報されてしまうかもしれない。

神の回答はさすがにそれだけではなかった。『私はいる』という方」と言い換え、それが自分の名だと主張する。「私はいる」の部分はヘブライ語だと一語で、'HYH となる。YHWH ではない。もしこれを動詞の使役形と取れば、「私はあらしめる」という意味となる。そうなれば「（何かを）存在させる者」と言い換えることも可能かもしれない。創造者としての神の特質を表す名のようにも思える。

さらに神の自己紹介は続く。「あなたがたの先祖の神、アブラハムの神、イサクの神、ヤコブの神である主」と自らの属性を告げるのである。最後の「主」は、先述の通り「ヤハウェ」の言い換えなので、ここにいたって初めて神はモーセに自らの名を告げたことになっている。この「ヤハウェ」という名はすでに創世記に登場している。最初の登場は創世記二章四節である。地上で最初の二人の男女アダムとエバ（イヴ）の孫の時代に、人々がヤハウェの名を呼び始めた、という記述もある（創世記四章二六節）。

実はこのモーセと神との対話に先立つ部分に、突如としてモーセの前に現れた神が、自らを「私はあなたの先祖の神、アブラハムの神、イサクの神、ヤコブの神である」と名乗る場面がある（出エジプト記三章六節）。そして神自ら、エジプトで苦境にあえぐ人々を連れ出すと約束する。ここで神は自分が救済の神であると宣言している。

ただし、ここではまだ自らの名を明かしてはいなかった。つまり、最初の自己紹介では属性だけを述べて名は明かさず、モーセから「名は何か」と尋ねられて、最初は拒絶し、その後ようやく名を明かすのである。読者諸賢は、「私はあなたの曾祖父の友達で、祖父の友達で、お父さんの友達でもあります。あなたは今困っていますね。あなたの先祖と約束しているのを思い出したのであなたを助けてあげましょう」という電話が見知らぬ人からかかってきたらどう思うだろうか。

それはさておき、一度名を明かした後は、神たるもの、さすがに堂々としたものである。この後、再びモーセと話す場面で、神はいきなり自らの名を告げ、次のように言っている。

神はモーセに告げた。「私は主である。私は、アブラハム、イサク、そしてヤコブに全能の神として現れたが、主という私の名は彼らに知らせなかった。」（出エジプト記六章二～三節）

先祖の神

神がモーセに、自分が彼らの「先祖の神」と名乗ったのはなぜだろうか。現在の物語の筋から想像すれば、モーセたちイスラエルの人々は、先祖に当たるアブラハム、イサク、ヤコブの神について耳にしていた。創世記の物語の中で、神はこの三人の父祖たちそれぞれに彼らをパレスチナに住まわせることを約束していた[4]。モーセやイスラエルの人々に伝わっていたであろうその伝承に神は言及したのである。しかしその神は自らの名を父祖たちに告げることはなかった。そこで最初に登場した時に、自らの属性として先祖の名前を出したのである。

同時に、先祖たちとの約束、つまり「約束の地」たるパレスチナに定住させることについて思い起こさせる働きもあった。長い間エジプトで強制労働についていた人々は、もはや先祖がその神と取り交わした契約について思い起こすことすらなかったかもしれない。出エジプト記二章では、人々が重い労働ゆえに叫んだとあるが、神に向かって叫んだとは記されていない（二三節）。しかしその嘆きを聞いたのが神であったと書かれている（二四節）。

ところで、「私は、アブラハム、イサク、そしてヤコブに全能の神として現れたが、主（＝ヤハウェ）という私の名は彼らに知らせなかった」（出エジプト記六章三節）というのは本当だろうか。例えば、アブラハム（当時の名は「アブラム」）は「私は天と地の造り主、いと高き神、主に手を上げて誓います」（創世記一四章二二節）と述べている。また、神自身、アブラハムに次のように言っている。「私はこの地をあなたに与えて、それを継がせるために、あなたをカルデアのウルから連れ出した主である」（創世記一五章七節）。同様に、イサクもヤコブも自らヤハウェという神の名を何度も口にしている。つまり、「あなたの先祖には主という名を告げていなかった」という出エジプト記における神の発言とは大きく食い違っているのである。

モーセの時代には、アブラハムたちがヤハウェという名を口にしていたという伝承は伝わっていなかったのだろうか。神がモーセを騙そうとした可能性もあるが、騙そうとする意図がわからない。騙そうとしたのでないとすれば、他に幾つかの理由が考えられる。神はすでにアブラハムたちとのやり取りを忘れていた、という可能性が考えられよう。子孫たちが苦境に呻き声を上げるまで父祖たちとの約束を思い出さなかったほどの神だから、この可能性は捨てがたい。これは、物語内における出来事の展開に沿って考えた時の可能性である。

他方、物語の外に飛び出し、文学的な観点からこの発言を眺めてみると違う可能性も浮かび上がってくる。一つは、物語の著者が、この神のセリフによってモーセの偉大さを高めようとしたという可能性である。あの偉大な先祖にも名を告げなかった神が、モーセにはその名を告げたのだ、となれば、モーセの格は上がる。さらに、物語の著者が、以前アブラハムたちがヤハウェという名を口にしていたことを失念していた、という可能性も指摘できよう。長期連載の漫画などでは、登場人物のかつての発言とその後の発言の間に食い違いが見られることがあるが、これなどは作者が以前に自らが書いた古い内容を（締め切りに追われるなどして）確かめないまま、記憶に頼って書き進めた結果によることもあろう。[5]

もう一つの説明は、編集史的な観点からの説明である。すなわち、創世記のアブラハムたちの物語と出エジプト記のモーセの物語とは元来別個の起源を持つ物語であり、こうした矛盾の整合性が取られないまま、両方とも現在のように「律法」の中の物語として収められた、という説明である。旧約聖書の中には往々にしてこうした「矛盾」があり、それはしばしば、物語の起源の違いによって説明される。こうした「矛盾」の存在理由を綺麗に説明する、少なくとも論理的に多くの人が頷けるような説明をつけるのが聖書学者の関心事なのである。

筆者としては、この最後の説明が最も腑に落ちる。しかしそうなると今度は当然、二つの物語を今あるような形で統合した編集者が、なぜそうした「矛盾」を解決しないで物語をつなげたのかが気になるだろう。この点については、古代においてはこうした「矛盾」はそれほど気にされなかったのだ、という説明がなされる場合も多い。そもそも創世記と出エジプト記に収められたこれらの二つの物語が一続きの物語として読まれるようになったのは、物語の編集よりも後の時代であろう。通して読まなければ、それほど気になるところでもない。多くの読者は気にせずに読み飛ばしてしまうかもしれない。また、旧約聖書自体が、もともとこうした通読を考えて編集されたわけではないのかもしれない。こうした「矛盾」の存在理由については、さらに別の説明も提案されているが、そちらについては後で述べることとする。

ここで神が「アブラハム、イサク、ヤコブの神」と名乗った点に話を戻そう。これらの人物に現れたとされる神が、実は同一の神ではなかった、という可能性はないだろうか。無論、今ある創世記の物語ではヤハウエの名が用いられている箇所もある。しかし、元来はこれらの人物一人ひとりに現れたのは、それぞれ別の神、少なくとも同一の神かどうかはっきりとはしない神だったということは考えられないだろうか。

そう考えると納得がいく点もある。次のようなシナリオが想定できる。「アブラハムの神」と呼ばれる神と、「イサクの神」と呼ばれる神と、「ヤコブの神」と呼ばれる神がこの地域で、あるいは「原イスラエル」の人々の間で信仰されていた。「アブラハムの神」はアブラハムを自分たちの共通の祖先と考える人々が、「イサクの神」はイサクの子孫たちが、そして「ヤコブの神」はヤコブの子孫たちがそれぞれ信仰していた。

これらの人々は、ほぼ同じ言語を話す人々だったが、住んでいる地域は異なっていた。アブラハムとイサクはパレスチナ南部にまつわる伝承が多く、ヤコブの伝承の多くは中央丘陵地域やヨルダン川東岸地域と関連する。[6] 前章で取り上げた「歴史的イスラエル」形成の話と深く関わって来るが、これらの地域に住んでいた人々に、ある時、何らかの理由で、自らを同じ集団であるとみなす必要が生じた。言語や習慣が似ていたからこそ、同じ集団だと考えることができたのだが、信じている神や先祖の伝承についてすり合わせる必要があった。同じ神を信じている方が一致団結しやすいからである。そこでそれぞれに伝わっている伝承をまとめる過程で、アブラハム、イサク、ヤコブという三代にわたる血縁関係をつくり上げた。イスラエルの十二部族はヤコブであるイスラエルの十二人の息子とされているので、アブラハムやイサクをヤコブの息子にするわけにはいかない。[7] そして最終的に創世記の物語が形作られる中で、これら三人に関係づけられている神はすべて同じ神だとされたのである。この三人の血縁関係が前提とされたうえで初めて、出エジプト記の物語における、これらの父祖には「ヤハウェ」という名を知らせなかったという神の発言が生きてくるのである。

ヤハウェは父祖の神か

すでに創世記の物語の中で「ヤハウェ」の名が父祖たちの口に上っていること、物語の叙述部分においても「ヤハウェ」という呼称が用いられていることは確認した。しかし、父祖の神が元来それぞれ別の神であったとしたら、それを示すような痕跡が創世記の物語に残っている可能性がある。

この問題を検討する前に、ヘブライ語で「神」は何と表すのかについて触れておかねばならない。これまで何度も「神」という言葉を用いてきたが、実はこの「神」を表すヘブライ語はなかなかの曲者なのである。

読者諸賢は「ダニエル（Daniel）」とか「マイケル（Michael）」といった英語の名前を耳にされたことが

あろうか。この二つの名はともに旧約聖書に登場し、ヘブライ語の人名に由来する。前者は「ダニー」と「エル」に分解され、「神はわが裁き人」を意味し、後者は「ミー」、「ハー」、「エル」に分解され、「誰が神のようであろうか（いや誰も神のような〔素晴らしい〕方はいない＝神は至高）」という意味になる。これらの名前の要素に共通する「神」を表すのが「エル」というヘブライ語の言葉である。

「神」を表す言葉が「エル」であるならば、直訳すればいいだけのことであり簡単ではないか、と思われるかもしれない。問題はこの「エル」という言葉が、一般名詞でもあり固有名詞でもあるところにある。つまり、「エル」は「神一般」を指す場合と、「エル神」という特定の神を指して使われる場合とがあるのである。[8]後者は、シリアやパレスチナの伝統的な神々の一柱として知られており、特に北シリア沿岸部で青銅器時代に栄えたウガリト王国の神話では、神々の中の最高神の位にあったとされる。[9]

このエル神が長い間この地域で崇められているうちに「エル」が「神」を表す一般名詞になったのか、逆に元来抽象的な「神」を表す概念であった「エル」という言葉を、地域の至高神の名にしたのか、どちらが正しいのか判断は難しい。ただし、ヘブライ語と同じセム語のグループに属し、アッシリアやバビロニアなどで長く公用語として使用されたアッカド語において「神」を表す一般名詞が「イル（ilu）」であり、語源的には「エル」と同じであることから、もともとは「神一般」を表す「エル」という言葉がこの地域の至高神と同定されたのではないかと筆者は推定する。いずれにせよ、旧約聖書の文脈においてこの「エル」は、一般名詞なのか固有名詞なのか必ずしもはっきりとしない曖昧な状態で用いられることが少なくないのである。

一例を挙げよう。創世記一四章は、[10]他の箇所では平和的な人物として描かれるアブラハムが珍しく戦闘に携わるいきさつを描いたものである。そこに登場する人物にメルキゼデクなる男がいる。サレムの王で「いと高き神の祭司」と紹介されている。ここで「いと高き神」と訳されているヘブライ語は「エル・エルヨーン」である。「エルヨーン」は「上る」という動詞の派生語と思われることから、「至高」という意味だろうと推測されている。同時に「エルヨーン」自体が独立した神だったという説もある。[11]いずれにせよ、この場合、「至高のエル（神）」と考えるべきなのか、「至高の神」と訳すべきなのか、判断に困るのである。旧約聖書が一神教を前提とした物語を展開していると仮定するならば当然ここでは「エル」を一般名詞と理解して、「至高の神」と訳すべきであろう。実際、聖書協会共同訳をはじめ多くの翻訳はそのように理解し、そう訳している。

この「エルヨーン」問題については、もう一つややこしい箇所が存在する。申命記三二章八～九節である。

いと高き方が相続地を諸国民に継がせ
人の子らを分けられたとき
イスラエルの人々の数に合わせて
それぞれの民の境を設けられた。
主の取り分はその民。
ヤコブがその相続分である。

この引用において、最初の行にある「いと高き方」の部分は、原語では「エルヨーン」一語のみなのである。さらに、三行目の「イスラエルの人々」は、古代のギリシア語訳では「神のみ使い」になっている。死海写本ではこの部分が「神の子ら」であることから考えると、もともとここには「神の子ら」と書かれていたのだが、それではあからさまに多神教的だということで後に「神」の部分が「イスラエル」に書き換えられたのだと推測される。五行目の「主」は当然「ヤハウェ」である。

そうだとすると、元の文では、エルヨーンたる至高神が神々の数に合わせてそれぞれの民を分け、そのうちヤハウェの取り分はヤコブ、すなわちイスラエルだった、ということになる。古代メソポタミアの神話によれば、人間が創造された目的は、神々の代わりに労働することだった。そして人間は労働の実たる食物や飲料を供物として神々に献げ、神々はそれらを食べたり飲んだりしたとされる。ヤハウェという神にはイスラエルの人々がそうした奉仕をする役としての「取り分」として与えられた、ということであれば、確かに多神教的に響くくだりである。この箇所は、ヤハウェが神々のうちの一柱で、イスラエルの人々は至高神に選ばれてヤハウェを崇拝するようになったのだ、という見方を提示する。

さて、創世記一四章に話を戻すと、アブラハムはこの時「神」に誓っている。その言葉は「いと高き神、主に手を上げて誓います」(二二節)というものであった。逐語的には「エル・エルヨーンであるヤハウェに」となり、「エル・エルヨーン」と「ヤハウェ」が同義として並置されている。メルキゼデクは「エル・エルヨーン」からの祝福についてアブラハムに伝えるが、「ヤハウェ」については何も言及していないので、アブラハムの発言の中の「ヤハウェ」は後代の挿入である可能性が高い。むしろアブラハムも「エル・エルヨーン」に誓ったという方が自然である。「エル・エルヨーン」と「ヤハウェ」とを同一視させようという意図がここにも感じられる。

もう一箇所、似た箇所がある。サムエル記下二二章一四節である。

主は天から雷鳴《らいめい》をとどろかせ
いと高き方は御声《みこえ》を上げる。

ここでは、一行目の「主＝ヤハウェ」と二行目の「いと高き方＝エルヨーン」が並置されていることから、「ヤハウェ」が「エルヨーン」と言い換えられていることがわかる。別の表現の並置によって同じものを言い換える手法は、旧約聖書を含む古代西アジアの詩文の伝統的な表現技法の一つである。したがってこの箇所は、ヤハウェとエルヨーンを同一視していた証左と見てよい。おそらくある時点でヤハウェとエル・エルヨーンもしくはエルヨーンとが習合したのだと考えられる。

習合という現象は、かつての日本においてもよく見られた。筆者の地元には、秩父神社という神社があるが、かつてそこで祀られていたのは妙見菩薩であった。地元では「妙見様」と親しまれる「女神」が、石灰岩で有名な武甲山の男神と年に一度の逢瀬を楽しむ時とされるのが、毎年一二月に開催される壮大な秩父夜祭である。妙見菩薩はインドに由来し、中国の道教の天帝思想と結びついてから仏教思想の一つとして日本に入ってきたものであり、それ自体が様々な「神」の習合の結果と言える。

さて、アブラハムの息子イサクや孫のヤコブに、神は何と名乗っていただろうか。アブラハムの死後、神はある夜イサクの前に現れ、「私はあなたの父アブラハムの神である」と言ったとされる（創世記二六章二四節）。イサクには自らが「ヤハウェ」であるとは告げていないが、ヤコブには「私は主、あなたの父祖アブラハムの神、イサクの神である」と告げ（創世記二八章一三節）、自らが「ヤハウェ」であり、父祖たちの神であることを示している。このように、ヤコブへの発言においても、ヤハウェが父祖たちの神と同定されるべきことが示されているのである。

ところが、こうした見方とは必ずしも一致しない描写もある。ヤコブは妻たちの父であるラバンと不和になり、ラバンのもとから妻たちと子供たちを連れて脱走する。それを追跡してきたラバンは次のように発言する。「アブラハムの神とナホルの神、彼らの先祖の神が私たちの間を正しく裁いてくださるように」（創世記三一章五三節）。アブラハムとナホルは兄弟である。ここで「裁く」という動詞が複数形であることから、「アブラハムの神」と「ナホルの神」はどうやら別々の神を指していると考えられる。[12] また、この時「ヤコブは父イサクの畏れる方にかけて誓った」（同節）と記されている。もし、「アブラハムの神」と「イサクの神」が同じ神であったなら、「アブラハムの神、イサクの神」にかけて誓えばよさそうなものであるが、ヤコブは敢えて「父イサクの畏れる方」に誓ったと記されているのである。

これに先立つ箇所でヤコブは「私の父の神、アブラハムの神、イサクの畏れる方が私に付いておられなかったら」という発言もしている（創世記三一章四二節）。ここで「付いておられる＝いる」と訳されている動詞は単数形であることから、これらがすべて同一の神を指していることがわかる。しかしヤコブの父はイサクなので、なぜ「私の父の神」と「イサクの畏れる方」という別の表現で繰り返すのかがわからない。「〇〇の畏れる方」という表現はこの二回しか旧約聖書中には現れない特異な表現である。[13]

ここまで見てきたように、父祖たちの神を表す表現は首尾一貫しておらず、他の神との習合の痕跡が散見される。また、一神教的な考え方に沿って後に修正したものの修正しきれていないような部分を露呈している部分もある。これらを総合すると、古代のイスラエルの人々の伝承において、ヤハウェが最初から父祖たちの神（もしくは神々）であったとは考え難い。むしろこれらの物語には、この両者を後から同一視しようとした努力の跡が認められるのである。

神か神々か

「神」を指す「エル」という語が一般名詞なのか「エル神」を指す固有名詞なのか、なかなか判断しにくいことがあるということはすでに述べた。「神」を表すヘブライ語は実はもう一つ存在する。「エローヒーム」という言葉である。そして、創世記においては、「エル」よりも「エローヒーム」の方が圧倒的に多く使われている。

旧約聖書の「神問題」を一層複雑にしているもう一つの原因はこの「エローヒーム」という言葉にある。この語は、形の上では複数形なのだが、イスラエルの神を表す時には原則として単数形扱いで、対応する動詞も単数形となる。しかし、イスラエルの神以外を表す時は複数形扱いになるのである。厄介と言わざるを得ない。

例を見てみよう。先述したように、創世記三一章は、ヤコブが妻子を連れて妻たちの父ラバンのもとから脱走し、後に追いついたラバンと交渉する場面を描いている。何度か言及される「神」には、基本的に「エローヒーム」が使われ、それに対応する動詞は単数形である。ヤコブの妻の一人は、父ラバンの家から脱走する際に父の「テラフィム」なるものを盗んだとされる（一九節）。

「テラフィム」は旧約聖書中何度か言及される。文脈から託宣行為と関係するものと推測されてはいるものの、その正体は不明である[14]。その後のラバンとヤコブとの会話の中で、「テラフィム」は「エローヒーム」＝「神々」という言葉で言い換えられている（三〇、三二節）。「なぜ私のエローヒームを盗んだのか」、「もしあなたがあなたのエローヒームを見つけたなら」と「エローヒーム」を目的語とする箇所では、それが単数か複数かを判別するのは難しい。しかし同じものを指して「それらを盗んだ」（三二節）、「それらを取った」、「それらの上に座った」（三四節）と複数形の代名詞で言い換えていることから、「エローヒーム」が複数であることがわかる。

それでは次の箇所はどうだろうか。詩編八二編一、六節からの抜粋である。

神〔エローヒーム〕は神〔エル〕の集いの中に立ち
神々〔エローヒーム〕の間で裁きを下される。

私は言った
「あなたがたは神々〔エローヒーム〕。
あなたがたは皆、いと高き方〔エルヨーン〕の子。」

神々の会議の中で、イスラエルの神と思わしき神（エローヒーム）が裁きを下す、というくだりである。ここでの「立つ」、「裁く」という動詞は単数形なので、「エローヒーム」は単数の神を指していることがわかる。続く「私」はこの神（エローヒーム）の発言である。そこではこの神（エローヒーム）が他の神々（エローヒーム）を糾弾するのだが、糾弾される側が複数であることは「あなたがた」という表現から自明である。このように、同じ文脈でも単数、複数両方に用いられるエローヒームという語は、甚だ紛らわしい語なのである。

またここで登場する、神々すべてがエルヨーンの子であるという思想にも申命記三二章のような多神教的要素の残滓を見ることができるかもしれない。[15]

もう一箇所、出エジプトを果たしたイスラエルの人々が神から与えられた十戒の冒頭を見てみよう。

私は主〔ヤハウェ〕、あなたの神〔エローヒーム〕、あなたをエジプトの地、奴隷の家から導き出した者である。あなたには、私をおいてほかに神々〔エローヒーム〕があってはならない。（出エジプト記二〇章二～三節）

ここでは「ほかに」という「エローヒーム」を修飾する語が複数形であることから二番目の「エローヒーム」が複数の神々であることがわかる。

この「エローヒーム」という語は、しばしば「エル」と並置されて使われる場合がある。ヤコブがラバンのもとから脱走したことについてはすでに触れたが、ヤコブはその前にも別の人間から逃げていた。それは双子の兄エサウである。ヤコブは、父イサクを欺き、エサウがイサクから受けるはずの祝福を横取りした後、憤懣やるかたなき兄から逃亡し北へ向かった。その途中、ヤコブは不思議な夢を見る。夢の中にヤハウェが現れ、自分は父祖の神（エローヒーム）であると告げた後、この土地、つまりパレスチナの土地をヤコブに与えると約束する。夢から覚めたヤコブはこの土地が畏れ多い土地だと思い、石を置いてそれに油を注ぎ、その場所を「ベテル（ベイト・エル＝神の家）」と名付けた。さらに、もしその神（エローヒーム）が自分と共にいてくれ、自分が父の家に戻ることができて、ヤハウェが自分の神になるなら、そこに神の家（ベイト・エローヒーム）を築く、と約束する（創世記二八章一一〜二二節）。

この物語はベテルという地名の起源譚である。地名には「エローヒーム」ではなく「エル」が使われているため、本来その場所はエルと関係があったはずであるが、この物語は、「エローヒーム」が現れたのでその場所を「エル」と名付けたと、やや矛盾するような説明をしている。

この二八章の神の家の話を受け、三五章の物語冒頭（一節）にはこのような記述がある。[16]

神（エローヒーム）はヤコブに言われた。「さあ、ベテルに上り、そこに住みなさい。あなたが兄エサウの前から逃れて行ったとき、あなたに現れた神（エル）のため、そこに祭壇を造りなさい。」

この部分の記述では、「エローヒーム」と「エル」とがあたかも別個の神であるかのように読めないだろうか。この命令を受け、ヤコブは家族に次のように述べている（三節）。

「さあ、ベテルに上ろう。苦難の日に私に答え、私の行く道で共にいてくださった神（エル）のため、そこに祭壇を造ろう。」

そしてこの後、再びベテルの名を説明する記述がある（七、一五節）。

彼はそこに祭壇を築き、その場所をエル・ベテルと名付けた。兄の前から逃れて行ったとき、神（エローヒーム）がそこでヤコブに自らを現されたからである。

ヤコブは、神（エローヒーム）が自分と語られた場所をベテルと名付けた。

また、ヤコブの夢に神（エローヒーム）のみ使いが現れ、「私はベテルの神（エル）である」と告げる場面も三一章一三節[17]にある。

これらの記述を読むと、やはり「エローヒーム」と「エル」とが同一視されているという印象が強まる。創世記の中には他にも両者を明らかに同一視している箇所がある。[18]こうした呼称の混乱も、もともとは「エル」にまつわる伝承だったものを後からイスラエルの神「エローヒーム」と結び付けた結果と思われる。

もう一つ興味深い例を紹介しておこう。ヤコブは、ベテルの祭壇の他にシケム（聖書協会共同訳ではシェケム）にも祭壇を建てたという。創世記三三章二〇節によれば、ヤコブはその祭壇を「エル・エローヘー・イスラエル」と呼んだ。[19]さすがに聖書協会共同訳などでも、この部分は訳さずに原語をそのまま片仮名書きしている。「エローヘー」は「エローヒーム」の変化形で、次の名詞と結合する際に用いられるものである。「エローヘー・イスラエル」という表現は、「イスラエルの神」を意味するものとして旧約聖書において非常によく使われている。もしこの表現中の「エル」を一般名詞として訳すと「イスラエルの神、神」と意味が通じなくなってしまうため、「イスラエルの神エル」としか訳しようがない。しかしこれではヤコブが「エル」と呼ばれる神のために祭壇を建てたように見えてしまう。そこで訳では、あえてその部分を訳さずに片仮名を使っているのである。ちなみに祭壇自体を「神」と呼ぶのはあたかも祭壇を偶像としているかのようでもある。[20]

全能の神

「全能の神」という表現はしばしば耳にするが、この表現自体は旧約聖書にはない。この言葉は、「エル・シャッダイ」という言葉の訳語として使われているのだが、「シャッダイ」という語が何を指すのかは全くわかっていない。[21] 民数記二四章一六節では、「エル」と「エルヨーン」と並んで「シャッダイ」という名前が登場する。

神〔エル〕の言葉を聞く者、いと高き方〔エルヨーン〕の知識を持つ者
全能者〔シャッダイ〕の幻《まぼろし》を見る者

このようにエルやエルヨーンといった他の神々と並置されていることから、シャッダイも元々はこの地方で崇拝されていた、独立した神であったと考えてよいだろう。シャッダイが父祖たちの物語の中でどのように登場するのか見てみよう。

アブラム〔アブラハム〕が九十九歳の時、主〔ヤハウェ〕はアブラムに現れて言われた。「私は全能の神〔エル・シャッダイ〕である。」（創世記一七章一節）

この事件の起こった場所は珍しく記載されていないが、これもシャッダイがある場所に現れた伝承であろう。ベテルの起源譚についてはさらに次のような記述もある。

神〔エローヒーム〕はまた彼〔ヤコブ〕に言われた。「私は全能の神〔エル・シャッダイ〕である。」（創世記三五章一一節）

ヤコブへの自己紹介がここでは「エル・シャッダイ」となっている。これはベテルで生じた出来事とされるため、「エル・シャッダイ」はベテルと結びついた神だったのかもしれない。その他、「エル・シャッダイ」は、祝福や憐れみとの関連でも登場する。[22]そしてこの「エル・シャッダイ」こそ、モーセの前に姿を現したヤハウェが自己紹介で用いた表現であった。もう一度出エジプト記六章三節を引用してみよう。

私は、アブラハム、イサク、そしてヤコブに全能の神〔エル・シャッダイ〕として現れたが、主〔ヤハウェ〕という私の名は彼らに知らせなかった。

また、年老いたヤコブは、臨終の間際に息子の一人ヨセフに次のような祝福を与えている。

お前を助ける父の神〔エル〕から
お前を祝福する全能者〔シャッダイ〕から
上は天の祝福
下は横たわる深淵の祝福
乳房と胎の祝福があるように。（創世記四九章二五節）

ここでは「エル」と「シャッダイ」が並置されており、両者が同一視されていることが見て取れる。ヨセフの二人の息子たちはそれぞれシケムとベテルを含む地域を後にもらうことから、ヤコブはここで、もともとはシケムやベテルで崇拝されていた神々による祝福を願ったと見ることもできよう。

このように、「エル」あるいは「シャッダイ」と特定の場所が結びついていたと考えるならば、次の箇所も理解しやすい。

アブラハムはベエル・シェバに一本のタマリスクの木を植え、そこで永遠の神〔エル・オーラム〕、主〔ヤハウェ〕の名を呼んだ。（創世記二一章三三節）

ベエル・シェバはパレスチナ南方の都市である。そこにあった「エル・オーラム」と呼ばれる神と関係のあるタマリスクの木にはアブラハムにまつわる伝承が伝わっていたことが想像できる。この場合、「ヤハウェ」は後から「エル・オーラム」と同一視させるために挿入されたと見るべきだろう。

次にアブラハムの妻の奴隷で、アブラハムの子イシュマエルを産んだ女性、ハガルの発言を創世記一六章一三〜一四節から見てみよう。

ハガルは、自分に語りかけた主〔ヤハウェ〕の名を、「あなたはエル・ロイです」と呼んだ。（中略）そこでその井戸は、ベエル・ラハイ・ロイと呼ばれるようになった。それはカデシュとベレドの間にある。

ヤハウェはハガルに、やがてイシュマエルが生まれることを告げるのだが、それを聞いたハガルは語りかけた神を「エル・ロイ」と呼んでいる。そしてこの出来事が起こった場所が「ベエル・ラハイ・ロイ」という井戸であったというのである。井戸の名の原因譚であるこの物語の背景には、「エル・ロイ」という神に関係する伝承があったことが想像できる。

最後に、すでに一部見た、申命記三二章一〜四三節を考察してみよう。これは、モーセが死ぬ直前に、警告としてイスラエルの人々に語った「歌」とされている。この部分のヘブライ語テクストの中には「ヤハウェ」が八回（三、六、九、一二、一九、二七、三〇、三六節）、「エル」が四回（四、一二、一八、二一節）、「エローヒーム」が五回（人称接尾辞がつくものと死海写本による復元を含む。三、八、一七、三七、三九節）、「エロアハ」が二回（一五、一七節）[23]、「エルヨーン」（八節）と「シャッダイ」[24]（複数形で「シェディーム」、一七節）がそれぞれ一回ずつ登場する。

「モーセの歌」のテクストは、申命記に挿入されたという点では研究者の間で意見の一致を見ているが、その年代については諸説ある。私見では、このベースとなる部分にはかなり古い詩文があり、そこにヤハウェ以外に真の神はいないという一神教的な視点からの編集が、もしかすると一度ならず複数回加わった結果今のような形になったものと思われる。いずれにせよ、ヘブライ語における様々な「神」という語がいかに錯綜して用いられているのか、そのあり様をつぶさに見ることができるのがこの「モーセの歌」なのである。

神の出身地

ここまでの議論をまとめてみよう。古来この地域ではエルをはじめ、エルヨーン、シャッダイなど、様々な神が信仰を集めていた。エルヨーンやシャッダイなどは特定の土地や対象と結びついていたのかもしれない。エルもまた、様々な地域と結びついて崇拝されていた可能性があるが、どこにおいても「神」を表す一般名詞として、エルヨーンやシャッダイなどと結びつけられていった。エローヒームが複数形である理由は不明である。しかし、ウガリトの碑文史料においても、エルを頂点とする神々を集合体としてエローヒームに相当する語で表す箇所がある。[25] したがって、当初は「神々」の意で使われていた「エローヒーム」が、やがて一神教的な側面から単数の神を表すと解釈され、対応する動詞等も単数形が用いられるようになったのかもしれない。この辺りの言葉の歴史は非常に錯綜しているため、すっきりした結論に至ることは難しい。[26] いずれにせよ、これらの神々はもともとシリアやパレスチナ地方で崇拝されていた神々と考えてよいだろう。

それに対して、旧約聖書の幾つかのテクストは、ヤハウェが後からパレスチナにやってきた「新参者」であった可能性を示す。まずは申命記の、モーセの臨終の言葉から見てみよう。

主〔ヤハウェ〕はシナイから来られ
セイルから彼らのために輝き昇り
パランの山から光を放つ。（申命記三三章二節）

「シナイ」、「セイル」、「パラン」はそれぞれ、パレスチナの南もしくは南西に位置する地名である（創世記一四章六節）。ここでも各行に同義の言葉が並置されている。似たような地名は、士師記にも見られる。士師記の中には、先住民との戦いにイスフエルの人々が勝利した時に、当時の士師デボラとバラクが歌ったとされる歌が収められている。基本的には勝利をもたらしたヤハウェを讃える歌なのだが、そのヤハウェの出自を暗示していると思われる部分がある。

主〔ヤハウェ〕よ、あなたがセイルから
エドムの野《の》から進み出られたとき
地は震え、天も雲も水を滴らせた。
山々は揺れ動いた。
主〔ヤハウェ〕、シナイの神の前に
主〔ヤハウェ〕、イスラエルの神の前に。（士師記五章四～五節）

「エドム」もまた、パレスチナ南部の地名で、セイルやパランと関連している（創世記二一章二一節）。この歌は、旧約聖書の中でも古い詩歌だというのが通説となっている。またハバクク書三章三節にも「神はテマンから、聖なる方はパランの山から来られる」という表現がある。テマンもまたエドムなど南方と関係がある。[27] これらパレスチナ南部の人々は、古代においては牧畜を営んだり、交易に携わったりしていた。

これらの記述からは、ヤハウェはパレスチナ南方の山にその住まいがあり、そこから姿を現した、という情景が思い浮かぶ。アラビア半島の西部には火山が点在していることから、古代におけるそうした火山の噴火の記憶に神の顕現という超常現象が重ね合わさって伝承となったのかもしれない。交易などで広範囲に移動していた人々の間にこうした伝承が伝わっていたと考えると、ヤハウェの南方起源説は十分あり得るのではないだろうか。[28]

では、いつヤハウェがイスラエルの人々の神となったのだろうか。すでに述べたように、ヤハウェをイスラエルの人々全体の神としたのは、「出エジプト」という出来事が起こって以降、「歴史的イスラエル」形成の過程であっただろう。ヤハウェを崇拝していた人々がエジプトからの脱出に際して奇跡的な救出を経験し、それが後になってパレスチナの他の人々にも共有されていったという仮説についてはすでに触れた。こうしてヤハウェが出エジプトの経験と共に記憶され、自らを「イスラエル」に属するとみなす人々の共通の神となり、やがて他の在地の神々と習合していったというシナリオが考えられるのである。

人名に見られる神名

ヤハウェが遅い時代にパレスチナに導入された神だということを裏付ける証拠は聖書の記述以外にあるのだろうか。

「ダニエル」や「マイケル」の名前の説明の際に触れたが、古代の西アジアでは人名に神の名を含むものが多い。とりわけヘブライ語を含むセム語においてこの傾向は顕著である。[29]ある神の名を持つ人、少なくともその名をその人物につけた人は、その神の崇拝者とみなせると仮定しよう。「ヤハウェ」という神名は人名に入ると、語頭では「イエホ（Yeho-）」もしくは「ヨ（Yo-）」、語末では「ヤ（-ya）」あるいは「ヤフ（-yahu）」などという形で現れる。本書を執筆している二〇二〇年現在のイスラエルの首相はネタニヤフという姓であるが、これは「ヤハウェがわれに与えたもうた」という意味のヘブライ語である。

同時代の碑文史料に言及される人名を網羅的に調べれば、たとえ碑文自体が何ら神について言及していなくても、パレスチナにおいてヤハウェの崇拝がいつ頃から始まったのか、ある程度の見当をつけることができるはずである。しかし残念ながら、紀元前九世紀よりも古い碑文史料はほとんどない。またわずかにある史料にも、神名や人名が見出せないのである。

そこで、碑文史料が見つかる時代に限って人名の中の神名要素を調べる研究が行われた。この研究により、少なくとも王国時代における信仰状況を確認することができる。その結果、ヤハウェの神名要素を持つ人名は八割超に達することが判明した。エルの神名要素を持つ人名が一割、それ以外はその他であった。ヤハウェの神名要素を持つ人名の占める割合が高いことは、紀元前九世紀以降、すでにヤハウェ信仰がパレスチナにおいて十分に浸透していたことを示している。[30]

さらに同様の手法で、旧約聖書の人名についても分析された。ただし、これら旧約聖書中の人名は、その人物が歴史的に実在していたかどうかわからないため、碑文史料における人名の分析結果よりも信憑性に欠ける。そうであったとしても、物語の核に何らかの伝承があったと仮定すれば、一定程度の方向性ぐらいは見えてくるだろう。この研究では物語の中の時間軸に沿って期間を細分し、それぞれの「時代」に登場する人物の名を分析している。[31] 驚くべきことに、父祖たちの時代に登場する人物のうち、神名要素を含む名を持つ人物はたった三名であり、そのすべてがヤハウェ以外の神の名を含んでいた。出エジプトからヨシュア記の征服物語の時代においては、六名中三名、士師時代から統一王国時代では九割近く、そして分裂王国時代、イスラエル滅亡後のユダ王国時代では実に九割五分を超える人名がヤハウェの名を持っていたのである。王国時代に関して言えば、先ほどの碑文史料の分析結果とも概ね合致する。そのため、少なくとも紀元前九世紀までには、ヤハウェはパレスチナの人々の間で広く信仰される神となっていたと考えてよかろう。

王国時代にヤハウェの神名要素を含む人名が圧倒的多数を占めることは、王国の国家神がヤハウェであったことと無関係ではあるまい[32]。多くの王の名はヤハウェの神名要素を含んでいる。南ユダ王国の都エルサレムにはヤハウェの神殿があったし、おそらく長らく北イスラエルの都であったサマリアにもヤハウェの神殿があったと考えてよい[33]。それまではエルなど他の神々も信仰されていたかもしれないが、王国の国家神が決められてからは、それらの伝統的な神々とヤハウェとの習合も進んでいったことが想像される。

バアルとの〈戦い〉

このように国家の神として崇められるようになったヤハウェではあるが、王国時代初期には有力なライバルがいたようである。その名は「バアル」という。この単語は一般名詞として使われる時には「主人」を意味する。

ウガリトの神話によれば、バアルは雨をもたらす嵐の神で、したがって大地に豊饒をもたらす神であった。神話は、バアルがウガリトの神々の中で王として振舞う様を描く。バアルが夏に黄泉の国に降《くだ》ると地上の植物は枯れ、秋に地上に戻って来ると雨が降って植物や穀物が育つのだと信じられていた。また、ウガリト神話では、海の怪物と戦って勝利するバアルの姿も描かれている。

その後、バアル崇拝を受け継いだのは、レバノン沿岸部の諸都市国家を拠点に活発に交易活動に携わった「フェニキア人」と呼ばれる人々であった。フェニキアの王の名前には「バアル」をその要素に持つものが多い。紀元前三世紀末～紀元前二世紀初頭にかけてローマと交戦した、フェニキア人の植民地カルタゴの将軍ハンニバルの名は、「バアルは慈悲深い」という意味である。また、さらに後になると嵐の神であるバアルは、やはり嵐の神であるギリシア神話のゼウスやローマ神話のユピテルとも同一視されていった。

旧約聖書は、バアルを先住民の神だとして、その崇拝を激しく非難する。バアルが最初に言及されるのは出エジプトを果たしたイスラエルの人々がモアブというヨルダン川東岸の土地にいた時であった。そこでバアルは「バアル・ペオル」という名で言及されている。「ペオル」というのは地名と関係しているのかもしれない。[34] 民数記二五章によれば、イスラエルの多くの男たちがこの祭儀に加わったという。[35]

また、士師記六章の物語では士師の一人ギデオンがバアルの祭壇を破壊している。

バアルの神殿や祭壇、預言者や祭司、石柱などが最も槍玉に上がるのは列王記である。列王記上一八章では、北イスラエル王国で活動していたヤハウェの預言者エリヤ（「わが神はヤハウェ」の意）がバアルの預言者四五〇人と「真の神」をめぐって対決する様が描かれる。当時の人々がヤハウェとバアルと、どちらをも崇拝していたことをエリヤは次のように表現している。

あなたがたは、いつまでどっちつかずに迷っているのか。もし主が神であるなら、主に従いなさい。もしバアルが神であるならバアルに従いなさい。（列王記上一八章二一節）

列王記下一〇章は、イエフという人物がクーデターを起こして前王朝を倒し、王一族を粛清する物語である。物語はイエフが、フェニキアから迎えた王妃の影響下、前王朝が活発に崇拝していたバアルの神殿を破壊し、その預言者たちを剣にかけたとする。列王記下一七章一六〜一七節は、こうしたバアル崇拝が、北イスラエル王国がアッシリアによって滅ぼされた一因とする。

列王記は、南ユダ王国においてもバアル崇拝が行われていたことを報告している。列王記の著者から見て「良い」と判断されたユダ王には、その根拠として王がバアルの石柱を取り除くなどの政策を採ったことを挙げている（列王記下一一章一八節、二三章四～五節など）。

このように、王国時代においても崇拝され続けたと言われるバアルであるが、エルと同様、その一般名詞が「主人」を意味することから、人々が崇拝しているのが果たしてバアル神なのか、ヤハウェのことを指してバアルと呼んでいたのかは必ずしも明らかではない。バアルは、死と再生に象徴される自然のサイクルを司る天候神であり、豊饒神であったから、シリア・パレスチナ地域の天水農耕と強く結びつき、人々の信仰を集めたであろうことは想像に難くない。

先ほど言及した列王記上一八章のエリヤとバアルの預言者との対決は、旱魃が襲っていたイスラエルにどちらの神が雨を降らせることができるかを競ったものであった。両者は祭壇を築き、バアルの預言者はバアルの名を呼んだり、自らの身体を傷つけて血を流したりしたが、バアルからの応答はない。それに対し、エリヤがヤハウェに呼びかけると天から火が降って来て祭壇の供え物を焼き尽くす。これを見て民は「主〔ヤハウェ〕こそ神です」と言って平伏し（三九節）、その後、雨が降り出したとされる。つまりこの物語でヤハウェは、バアルに勝利したのみならず、バアルが持っていた天候神としての役割を獲得しているのである。

さらに、ヤハウェは、海の怪物を退治するバアルのイメージをも相続している。

その日、主〔ヤハウェ〕は
鋭く大きく、強い剣によって
逃げようとする蛇レビヤタンと
曲がりくねる蛇レビヤタンを罰し

また、海にいる竜を殺される。（イザヤ二七章一節）

太古の海（の神）を殺し、蛇のような怪物を倒すのは、ウガリト神話においてはバアルである。ここではそのイメージでヤハウェが語られている。[36]

このように、バアルやエルなど様々な神々と習合される過程において、それらの神々が持っていた役割やイメージをもヤハウェが引き継いでいったのである。

明白な根拠こそないが、ヤハウェがイスラエルの王国において国家神となっていく過程で、フェニキア諸都市国家で崇拝されていたバアルとヤハウェとの差別化が意識されていくようになっていったのではないかと筆者は想像している。ヤハウェとバアルとは異なる神であるという意識を導入したのは国家だったのではないだろうか。それまでは両者の差異は民衆レベルにおいては明確に意識されていなかったと思われるのである。実際、「バアル」を含む人名が王国時代のパレスチナから出土する碑文史料から見つかるし、イスラエル初代の王サウルの息子や孫には「バアル」を含む人名もある（歴代誌上八章三三～三四節、九章三九～四〇節[37]）。

南ユダ王国を征服し、そのエリートたちをバビロニアへ連行したバビロニアの都バビロンの主神はマルドゥクであった。しかしマルドゥクは他の神々と習合され、「ベル」とも呼ばれていた。[38] このベルというのはアッカド語で「主人」を意味する言葉で、「バアル」と同じ語源である。ユダヤ教では、ヤハウエの名を口にしなくなってから旧約聖書の神名部分を「アドナイ」と発音するようになったが、これは「わが主」という意味である。こういった慣習が生まれた背景に、「主人」という語で神を呼ぶシリアやメソポタミアの影響があった可能性も考えられよう。

ところで、バビロニア近辺で出土したと思われる大量の粘土板文書が骨董市場に出回り、それが富豪たちの私的コレクションに加わるという、本来は大変好ましくない状況が見られる。[39] それはさておき、これらのコレクションの中から、紀元前六世紀はじめにバビロニアに連行され、そこで暮らすようになった南ユダ王国出身の人々とその子孫たちと思われる人々に言及する文書が公刊されている。

文書の内容からは、これらの人々が現地の新たな環境に柔軟に適応し、中には農業や商業において成功する人たちも出てきたことが窺える。なぜこれらの人々が南ユダ王国出身の人々たちであったと考えられるかというと、それはヤハウェの神名要素を人名に含む人物が家族内に非常に多く確認されたからである。

二〇一四年、「アール・ヤフードゥ」という共同体で作成された一連の粘土板文書群が出版され、学界に大きな波紋を広げた。[40] これまで出版されたのは全文書群の半数ほどであるが、文書に登場する四〇〇人を超える人名のうち、一四〇人ほどの人物がヤハウェの神名要素を含んでいることが明らかとなった。同じ家族であっても、バビロニアの神々やエジプトの神々、またその他の神々の神名要素を持つ名前が多数あることは、これらの人々が必ずしもヤハウェ一神教を奉じていたわけではないことを示している。

この文書の中に、同一人物が「ベル・シャル・ウツル」と記されたり、「ヤフ・シャル・ウツル」と記されたりする例が見つかった。なぜ同じ人物が別の神名要素（「ベル」と「ヤフ」）を持つ名で記されたのか、その背景は推測の域を出ないが、南ユダ王国の神ヤハウェとバビロニアの主神ベルとの習合がこの時始まっていたと考えることも不可能ではない。[41] もっとも神名要素の置換が本人の意思によるものだったのか、書記側の都合によるものだったのかはわからないままである。

旧約聖書の著者たちはベル（マルドゥク）をよく知っていた。イザヤ書（四六章一節）やエレミヤ書（五一章四四節）にはベルがヤハウェに敗北を喫する様が描かれている。また、聖書協会共同訳聖書の旧約聖書続編に「ダニエル書補遺」として収められている「ベルと竜」という作品は、ユダヤ人ダニエルが、バビロニア人たちが崇拝する「ベル神」の偶像と神殿を破壊する物語である。ヤハウェのベルに対する優位を描くこのような物語の存在は、南ユダ王国の末裔の間、後にユダヤ人たちの間に、ヤハウェとベルとどちらが優位かという議論があったことの証左であろう。

ヤハウェの預言者エリヤが、バアルの預言者たちと対決する列王記上一八章の物語を、バビロニアにいた南王国の子孫たちも、またその後エルサレム周辺に帰還した人々も、自分たちの問題として「現在化」して読むことができた。自分たちの神はヤハウェなのか、それともベル（バアル）をはじめとしたそれ以外の神なのか、そうした二者択一の問いをこの物語は読者の前に突きつける。この物語は、「われわれの神は誰か」という問いをめぐる〈戦い〉に決着をつけるよう、当時の思想的状況に対して〈戦い〉を挑んだのである。

Ⅳ 「真のイスラエル」をめぐる〈戦い〉——北イスラエル王国滅亡後

「イスラエル」の栄光

Ⅱ章では、「原イスラエル」の古さや正統性をめぐる〈戦い〉が旧約聖書の様々な書物に反映していることについて扱った。その際、紀元前九世紀以降に、「歴史的イスラエル」と確実に呼べるものが存在していたことについても触れた。

本章では最初に、この「歴史的イスラエル」についてより詳しく触れた後、その「イスラエル」という名の相続をめぐる〈戦い〉について述べたい。

紀元前九世紀のアッシリアの碑文に「イスラエル」が言及されている。[1] この碑文はさらに「イスラエルのアハブ」なる人物に言及し、彼が紀元前八五三年、アッシリア軍とシリアで対峙したシリア・パレスチナの連合軍の重要な一角を占めていたことについて記している。この碑文はアッシリア王シャルマネセル三世が自分の功績を刻ませたものである。[2]

アハブという人名は旧約聖書の列王記に言及されている。北イスラエル王国の王で、父の名はオムリとある（列王記上一六章二九節）。シャルマネセル三世の碑文は「フムリの家」にも言及する。この碑文はアッカド語で書かれているが、アッカド語の「フムリ」はヘブライ語の「オムリ」に対応する。また、この場合の「家」は「王家」あるいは「王朝」という意味である。「〇〇の家」と呼ばれる場合、それは「〇〇を創始者とする王朝」と解される。列王記上一六章の記述によれば、オムリは内戦の後に将軍から王となった人物で、もともと王家の人物とは記されていないことから、新王朝の創始者と目してよい。ということは、シャルマネセル三世の碑文が言及するのは「オムリ王朝」ということになる。

ヨルダンで出土した紀元前九世紀後半の碑文にも同様に「イスラエルの王オムリ」への言及がある。この碑文は、メシャというモアブの王が作成させたもので、メシャの父の時代、オムリがモアブを支配していたことに言及する。[3] これらの碑文史料に基づけば、列王記に言及されるオムリやアハブは実在の人物と考えてよいということになる。

これらの証拠から、紀元前九世紀中葉までには「イスラエル」を標榜する国がパレスチナに存在していたと考えてよい。これがⅡ章で紹介した「歴史的イスラエル」である。なお、本書で「北イスラエル王国／北王国」と呼ぶのは、統一王国が分裂した後の北王国のことであり、この「歴史的イスラエル」と等しい。「南ユダ王国／南王国」と本書が言及するのは、統一王国分裂後の南王国である（本書一一頁参照）。旧約聖書はこれらの国々をそれぞれ「イスラエル」、「ユダ」と言及する。

アッシリアの王碑文はその後も、北王国について言及する。また、紀元前八世紀後半以降は、南王国についても言及するようになる。アッシリアの王碑文に言及される北王国の王は「オムリの家」として言及されるオムリを除き六名、南王国の王は三名である。[4]

すでに述べたように、北王国はアハブの時代、反アッシリア連合軍の中でも存在感を放つ存在としてアッシリア王碑文に言及される。アハブが動員した一万人の歩兵は列挙されている一一の国の中で、第二位タイの数である。戦車の数は二〇〇〇両で、これは連合軍中群を抜いて一位で、二位のダマスカス（ダマスコ）の一二〇〇両をはるかに凌駕する。連合軍全体の戦車は三九四〇両なので、実にその半数がイスラエルの戦車であったことになる。アッシリア王碑文における数字は、アッシリア王の権威を高めるために操作されることがあるため、文字通りに信じることはできないが、少なくとも北王国の軍勢が連合軍中に重要な地位を占めていたということについてはある程度信用してもよいだろう。

シャルマネセル三世がその後に記した碑文には、「オムリの子イエフ」の名と彼がアッシリアにもたらした貢ぎ物への言及がある。シャルマネセル三世は、この碑文に、自分が支配下に置いた最西端の国の王が服従する場面としてこの貢納の場面を図像に彫らせた。

図９　シャルマネセル三世の黒色碑文に描かれるイエフの貢納（大英博物館蔵）

以上のことから明らかになるのは、北王国が、シリアやパレスチナの中において、比較的強い国であったことである。考古学的な調査もこの点を裏付けている。北王国の拠点都市の遺跡からは立派な建物や象牙等の奢侈品が多数見つかっており、社会の階層化も相当進んでいたことがわかっている。

イエフは、列王記にも言及される北イスラエルの王である。列王記の記述によれば、イエフはオムリの子であるアハズヤを殺害してその王位を簒奪した人物であるため、正確には「オムリの子」ではない。しかしシャルマネセル三世は、自分を悩ませた強国の王であった「オムリの子イエフ」として、今や自らの足下に屈服した北イスラエル王国の王の姿を描きたかったのかもしれない。[5]

北王国がシリア・パレスチナ地域において存在感のある国であった理由には、パレスチナ最大の穀倉地帯である平野部と、海洋交易に不可欠な港を持った地中海沿岸部を支配していたこと、また、メソポタミアとエジプト、アナトリアをつなぐ主要な幹線ルート上に位置していたことが考えられる。さらに、反アッシリア連合の中心的存在であったダマスカスや、エジプトやメソポタミアと活発に交易していたフェニキアのティルスと国境を接しており、これらの国々とさかんに物的・人的交流を行っていたこともその理由に挙げられよう[6]。

イエフの貢納以降、北王国はアッシリアの従属国として、重い貢物を納めねばならなくなったようだが、こうした繁栄は紀元前七四五年に即位したアッシリア王ティグラト・ピレセル三世の時代まで続いた。

北イスラエル王国の滅亡と南ユダ王国の台頭

ティグラト・ピレセル三世の即位前の一時期、アッシリアはかつての勢力を失っていた。しかしティグラト・ピレセル三世が即位すると、その旺盛な征服活動により、アッシリアは再び拡大の時代へと突入した。

北王国はこの時期にアッシリアによって翻弄され、最終的には紀元前七二〇年頃に滅ぼされてしまう。都サマリアは陥落し、多くの住民はアッシリア帝国内の別の地域に連行された（列王記下一七章）。

さて、ここまで北王国のことを中心に述べてきたが、南王国についてはどうだろうか。南王国について言及する最古級の碑文史料は、パレスチナ北部の遺跡から出土した紀元前九世紀後半の碑文である[7]。この碑文の作成者はダマスカスの王と思われるが、碑文には、この人物がイスラエルの王と「ダビデの家の王」を殺害したことが記述されている。つまり、この二つの国は、ともにダマスカスの王と戦っていたのである。

南王国は、北王国ほど豊かな国ではなかった。支配領域の大部分は丘陵で、穀物の栽培に適している のはわずかな部分であった。北王国と異なり、主要な地域をつなぐ幹線ルートを支配しているわけでもなく、海にも面していなかったため、交易の恩恵を被るには不利な環境にもあった。

こうした環境を考えるならば、南王国と北王国との力関係は歴然としていよう。列王記は、両王国が共同戦線を張って敵と対峙する場面を描いているが（上二二章、下三章など）、物語の中で常に北王国の王がイニシアティブを取っているのは、両国の力関係を反映しているのだろう。ダマスカスの碑文が言及する戦いも、両王国がタッグを組んで戦った事例の一つと考えられる。シャルマネセル三世に戦いを挑んだ反アッシリア連合に南王国が言及されないのは、それが北王国軍の中に数えられていたからだという説があるほどである。また、北王国が南王国に攻め入り、エルサレムの市壁を破壊したというエピソードも列王記には収められている（下一四章）。

アッシリアの碑文に南王国が初めて言及されるのは、ティグラト・ピレセル三世の時代である。ティグラト・ピレセル三世の拡大政策に伴い、南王国も直接アッシリアと接触せざるを得ないようになった。その後、アッシリアの碑文には、アッシリアに貢納する南王国の王の名が記されるようになる。

北王国滅亡後、その領土はアッシリア帝国の直轄地となった。北の「盾」を失った南王国は、今や直接アッシリアと領土を接することとなったのである。北王国の征服と住民の捕囚は、シャルマネセル五世と次のサルゴン二世の時代になされた。紀元前七〇一年、サルゴン二世の子であるセンナケリブは、アッシリアに反旗を翻したパレスチナの国々に軍を進めたが、これらには南王国も含まれていた。

当時の王ヒゼキヤは、エルサレムをアッシリア軍に攻囲され、センナケリブの碑文の言葉を借りれば「籠の中の鳥」の状態に陥ったという。ヒゼキヤが多大な賠償金を支払ったことで、センナケリブはエルサレムを征服せずにアッシリアに帰還した。他方、列王記は、アッシリア軍の引き揚げた原因を次のように記す。

その夜、主の使いが現れ、アッシリアの陣営で十八万五千人を打ち殺した。人々が朝早く起きてみると、皆死体となっていた。（列王記下一九章三五節）

この記述の信憑性については懐疑的な意見が多い。そもそもいくらアッシリア帝国とはいえ、一八万五〇〇〇人もの兵士を当時動員できたかどうかは甚だ怪しい。そして当然ながら「主の使い」、すなわち天使が一夜にしてそれだけの兵士を殺害したというのは荒唐無稽としか言いようがない。

しかし、アッシリアがエルサレムを攻略せずに引き返したことだけは事実である。センナケリブは南王国の都市ラキシュを攻め落としたものの、エルサレムには手をつけずに撤退した。後にセンナケリブは自らの宮殿の壁を飾る浮彫に、ラキシュ攻略の様子を描かせている。もし、エルサレムを攻略していたなら、そこには都であるエルサレム攻略の様子を描かせたであろう。

エルサレムが攻略を免れたことは、南王国の人々にとっては奇跡であったに違いない。列王記下一九章とイザヤ書三七章の記述によれば、この時預言者イザヤは、アッシリアに屈しないようヒゼキヤに説き、アッシリアがエルサレムに入ることはないと預言したという。アッシリア軍の撤退は、一部の人々によってこの預言の成就として受け取られたのだろう。かつて「出エジプト」という出来事をイスラエルの神ヤハウェの「奇跡的な救出」と捉えた人々は、この時もまたヤハウェによって救出されたと考えたかもしれない。

さて、考古資料は、南王国が紀元前八世紀末から急激な発展を遂げたことを物語っている。エルサレムの市域は急速に西方に拡大した。[8] この目覚ましい発展の背景には、紀元前七二〇年頃にアッシリアに滅ぼされた北王国から住民が流入し、人口が一気に増加したことがあったと考えられている。

サマリアを征服したアッシリアのサルゴン二世は、自らの碑文の中で二万七二九〇人の住民を別の地域へと移住させたと記させている。こうした数字自体は必ずしも額面通りに信じることはできないものの、大量の住民捕囚はティグラト・ピレセル三世以降、征服した国々に対してアッシリアが採った政策と考えてよい。

同時に、滅亡した北王国から、同じ言葉を話し、同じ神を崇拝する姉妹国であった南王国へと「難民化」した人々が殺到しても不思議ではない。エルサレム周辺の急激な都市域拡大と人口増加の背景をこの仮説がよく説明してくれるように思われる。この出来事が生じたのがヒゼキヤ王の治世であった。

この出来事を、Ⅱ章の「「歴史的イスラエル」誕生の背景」のところで触れた、集団が「共通の過去の物語」を必要とする契機の一つとして捉えることはできないだろうか。統一王国時代というものが仮にあったとしても、それが分裂してから北王国が滅びるまでに二〇〇年余りの年月が経過している。その間も交流はあったにせよ、とりわけ異なる王家に仕えるエリート層たちの間では、それぞれの王国の王権を正統化するイデオロギーが支配していたことだろう。それぞれの王国に伝わっていた古い伝承もそのような観点から何らかの変化を受け、保存されていたことが想像される。

北王国からの住民が流入し、彼らが南王国の人々と新たな一つの集団を形成しようとする時、それまで別個に伝わっていた伝承を整理し、融合させ、「共通の過去の物語」を創生する必要があったのではないだろうか。

列王記は明らかに南王国の視点から記述されている。北王国の王はそのほとんどが背教者で悪人扱いされる。しかし、列王記の中には、北王国についての詳細な情報や北王国を起源とすると思われる預言者伝承などが多分に含まれているのである。また、ホセア書やアモス書などといった「預言者」に含まれる預言者の書物には、北王国で活動していた預言者の言行を記した書物もある。当時の南王国の人々に、それらを記録し、伝えていく必要があったとは考えにくい。

こうした「共通の過去の物語」創生の過程において、統一王国時代の伝承は欠くべからざるものとなったであろう。自分たちの祖先の時代には、北も南もなく、一人の王を戴いていた時代があり、その時代は大変繁栄していたのだ、という物語である。自分たちが一致団結すれば、かつての栄光を取り戻すことも可能だ、という使信さえ読み取れるかもしれない。

出エジプトの古い伝承もまた、主として北王国に保存されていただろうことが想定されている。そうだとすればこれもまた、北王国から来た新住民たちと共に南王国にもたらされたのかもしれない。紀元前七世紀後半、南王国では、数百年間祝われていなかった、出エジプトを祝う「過越祭」を王の命令で「再び」祝うことにしたという（列王記下二三章二一～二三節）。こうした「復古」の命令は、すでに紀元前八世紀末以降人々の間で既成事実化していた過越祭という祭典を王権のもとに「追認」し、正統化すると共に、それを南王国の王権プロパガンダに利用したのだと見ることもできるだろう。

「真のイスラエル」の継承者

南王国に北王国からの多くの住民が流入し、新たな集団としてのアイデンティティが形成されていく過程において、かつては北イスラエル王国を表していた「イスラエル」という概念の理解にも変化が生じたことだろう。

すでに述べたように、かつての北王国は、南王国よりもはるかに強大な国であった。ヤコブ（＝イスラエル）の十二人の息子を祖先に持つという十二部族のうち、ユダ族とベンヤミン族を除く十部族が北王国の構成部族だったと記されていることからも、力関係は明らかであろう（一二六頁の地図4参照）。

しかし今やその強大な北王国はない。他方、北王国の陰にいた南王国は、アッシリアの大軍による征服を免れた。むしろ、アッシリアに北王国を攻撃させたのは南王国だったようである（列王記下一六章五～

九節)。同じ神を国家神として崇めていた二つの国の運命がはっきりと分かれてしまったのである。一部の人々の目には、北王国がヤハウェから見放されたように見えたことだろう。実際、北王国の滅亡の理由に関して、列王記にはそのような説明がある。

ホシェアの治世第九年に、アッシリアの王はサマリアを占領した。彼はイスラエル人を捕囚としてアッシリアへ連れ去り、ヘラ、ハボル、ゴザン川、メディア各地の町に住まわせた。こうなったのは、イスラエルの人々が、彼らをエジプトの地から、エジプトの王ファラオの支配から導き上った神、主に対して罪を犯したからである。(列王記下一七章六~七節)

主はイスラエルに対して激しく怒り、御前から彼らを退け、ただ、ユダの部族だけしか残されなかった。(同一八節)

この出来事以降、ユダ王国(北イスラエル王国滅亡後はもはや「南」をつける意味がない)とその支配者であるダビデ王朝はヤハウェに是認されている、という思想が生まれても不思議ではない。それと同時に先祖である「イスラエル」の正統な後継者は誰か、という問題も浮上してきたことだろう。

もともと北王国の住民であった人々にとっては、「イスラエル」とは自分たちの国を指す言葉であったことだろう。そうした思いはユダ王国に移住して以後も変わらなかったかもしれない。しかしユダの人々との通婚が進み、世代を重ねる中で、ユダ王国の内部では「イスラエル」と「ユダ」という区別そのものにそれほど意味がなくなっていったということが考えられる。

北王国の領土には、シケムやシロ、ベテルといった、父祖たちの物語で神が顕現したと言われる重要な都市があった。それらの場所にまつわる伝承が創世記に多数収められていることから考えても、ユダ王国の人々はそうした伝承を大切に保存したことがわかる。また、王国ができる前も、これらの都市にあった聖所は、戦いの前に全部族が集まって神に託宣を求めたりする重要な場所でもあった[10]。さらに、ベテルは、北イスラエル王国初代の王がヤハウェのために聖所を築いたと言われる場所でもあった（列王記上一二章）。

創世記からヨシュア記にいたるまでの物語においては、十二部族それぞれの部族がスポットライトを浴びることは稀で、主人公はあくまで集合体としての「イスラエルの人々」である。これに対し、士師記になると各部族のエピソードが前面に出て来るようになり、サムエル記では今度は「イスラエル」と「ユダ」というはっきりとした二区分が見られる。「イスラエル」という概念がすべての部族を含む一際大きな概念であることは一目瞭然であるが、それを直接引き継いだのは滅びてしまった北イスラエル王国の方であった。

北王国の滅亡後、「イスラエル」の伝承を担ったのは、北王国からの住民を受け入れ、新たなアイデンティティを形成しつつあったユダ王国であった。それに伴い、単に伝承を担うのみならず、自らを大きな概念である「イスラエル」の正統な継承者とみなすようになったことが想像される[11]。

しかし、この「イスラエル」概念の相続には異論を唱える人々もいたことだろう。それは、かつての北王国の領土に依然として住んでいた人々である。アッシリアは北王国の住民の一部を領内のどこかへ連れ去った後、別の地域の住民を連れて来て居住させた。列王記からその記述を見てみよう。

アッシリアの王は、バビロン、クト、アワ、ハマト、セファルワイムから人々を連れて来て、イスラエルの人々の代わりに、彼らをサマリア各地の町に住まわせた。そこで、彼らはサマリアを所

有し、各地の町に住むことになった。（列王記下一七章二四節）

彼らは主を畏れ敬ったが、連れて来られる前にいた国々のしきたりに従って自分たちの神々にも仕えた。

彼らは今日に至るまで、以前からのしきたりに従って行動している。主を畏れ敬うことなく、主がイスラエルという名を付けられたヤコブの子孫に命じられた掟と法、律法と戒めに従って行動していない。（同三三～三四節）

これらの新住民は、土地の神であるヤハウェをも崇拝したが、自分たちが以前より崇拝していた神々をも引き続き崇拝した、と列王記は非難している。さらに、彼らは「ヤコブの子孫に命じられた掟と法、律法と戒めに従って行動していない」と続く。ここで言わんとしていることは、これら新住民は「イスラエルという名を付けられたヤコブの子孫」ではない、という主張である。

では、「イスラエルという名を付けられたヤコブの子孫」とは誰なのだろうか。ここで暗示されている「ヤコブの子孫」が列王記を記した側のユダ王国の人々であることは疑う余地がない。この記述をもって、ユダ王国は「イスラエル」の正統な後継者争いに名乗りを上げたのである。

当然ながら、北イスラエルの住民たちにとって、ユダの人々によるこうした「イスラエルの横取り」は看過できなかったであろう。ヤハウェを崇拝していることから考えても、彼らもまた北イスラエルの遺民たちと混血していったと思われる。

正統性をめぐる争いというのはいつの時代にもどの地域にでも見られるものである。日本では、一四世紀のいわゆる「南北朝時代」に、南朝・北朝それぞれの天皇の正統性をめぐり、半世紀以上にわたって激しい〈戦い〉が繰り広げられた。この時に南朝側についた北畠親房の著作『神皇正統記《じんのうしょうとうき》』は、南朝の正統性を主張する書物である。中国における「正史」はしばしば、新しく登場した王朝が編纂する際、自分たちの王朝の正統性を主張すべく、特に前王朝について否定的な記述を展開した。[12] 正統性をめぐる〈戦い〉は、戦場においてのみならず、書物という形をも取って繰り広げられるのである。

アケメネス朝時代における「真のイスラエル」論争

列王記は、北イスラエルの新住民を「今日に至るまで、以前からのしきたりに従って行動している」かどで非難し、「今日に至るまで、子や孫も、先祖が行ったように行っている」と述べている。ここでの「今日」が新住民が連れて来られた紀元前八世紀末ではなく、それよりも後の時代を指すのは明らかである。

これらの新住民たちの子孫は「サマリア人」と呼ばれる。[13] 北イスラエル王国の首都サマリアの周辺に住み、ヤハウェを神として崇拝する人々で、今日でもわずかながら末裔が先祖伝来の伝統を守っている。彼らは「サマリア五書」と呼ばれる独自の聖なる書物を唯一の聖典としている。「サマリア五書」は旧約聖書の創世記から申命記までの五書とほぼ同じ内容ながら、——これは当然ではあるが——よりサマリア人の信仰と合致するものとなっている。

ユダ王国の末裔たちとサマリア人との関係は、同王国がバビロニアによって滅ぼされた後しばらくはどうなっていたのかわからない。バビロニアがパレスチナを支配していた時代（紀元前五八六年〜紀元前五三九年）についての記録がほとんど残っていないためである。旧約聖書の編纂は、この時代においてはバビロニアを中心に進んでいったと考えられる。そのため、この時代のユダの住民についての直接的情報は旧約聖書中にもエレミヤ書やエゼキエル書にあるのみで、そこに当時のサマリアの住民についての言及はほとんどない。サマリア人は、おそらく紀元前六世紀までには、今日も彼らの祭儀の中心地であるゲリジム山上に聖所を築き、そこを彼らのヤハウェ崇拝の中心地としていた。[14]

列王記下一七章の記述以降、サマリア人への否定的記述が再び現れるのは、バビロニアからエルサレム周辺へと捕囚民の一部が帰還したアケメネス朝ペルシア時代を描く書物においてである。この時代に成立した旧約聖書のエズラ記（四章一～三節）やネヘミヤ記（二章一〇、一九節、四章一～八節、六章一～九節）によれば、イエフド（アケメネス朝時代のユダの呼称）に戻って来た帰還民たちと、周辺の人々との間に敵意が芽生え、やがてそれは政治的な問題にまで発展した。[15]サマリアの人々の目に、帰還民によるエルサレムとヤハウェ神殿の再建は、この地域における彼らの政治的・宗教的重要性を脅かすものと映ったのだろう。[16]

列王記下一七章における北イスラエル新住民の否定的な記述は、アケメネス朝時代における帰還民が当時のサマリアの人々について抱いていたであろう考え方とも重なる。サマリア人は異端の――少なくとも非正統の――ヤハウェ崇拝者であって、彼らは正当な「イスラエルの後継者」たる「自分たち」とは異なる人々であると帰還民は認識していたのである。こうした理由から、帰還民たちはエルサレム神殿再建に協力しようというサマリアの人々の申し出を拒絶し、それに怒った人々は神殿再建を妨害したという（エズラ記四章）。

バビロニアからイエフドに帰還した人々はエリートであった。そもそも、バビロニアに捕囚された人々の多くが王族や祭司、また何らかの職能を有したエリート階級だったのである。イエフドに帰還した彼らは、自らを「真のイスラエル」とみなしたばかりでなく、バビロニア時代に捕囚されずにパレスチナに残留していたユダ王国の遺民をも蔑んだ。エズラ記やネヘミヤ記において、「真のイスラエル」とみなされないこうした在地の人々は「地の民」と呼ばれている。[17]

帰還民の視点で記されたエズラ記・ネヘミヤ記において、帰還民のみが「真のイスラエル」とされていることは、次の事実から窺える。すなわち、帰還民を指して度々「イスラエル人」もしくは「イスラエルの人々」と呼ぶのである。これが捕囚からの帰還民を指すことは次の箇所からも明らかである。

祭司、レビ人《びと》、民の一部、詠唱者、門衛、神殿に仕える者たちは自分の町に住んだ。イスラエルの人々は皆、自分たちの町に住んだのである。（エズラ記二章七〇節）

「祭司」以下は捕囚からの帰還民で、「自分の町」とは、自分の祖先（帰還民は捕囚された人々の二世か三世が中心と思われる）が住んでいた町に住んだ、ということである。もしイスラエルが北イスラエル王国をも含めているのであれば、彼らが住んだのは非常に広範囲に及ぶことになるが、実際にはエルサレムおよびその周辺であるイエフド（エズラ記によれば「ユダ」）にしか住んでいない。

さらに、次のような記述がある。ここでは聖書協会共同訳に問題があるため私訳を載せる。

イスラエル人、すなわち、祭司とレビ人、および捕囚から帰って来た残りの人々は喜んで神殿の奉献を行った。（エズラ記六章一六節[18]）

ここでは、イスラエル人の説明として「祭司とレビ人、および捕囚から帰って来た残りの人々」とある。また、同じ「イスラエル人」という表現はエズラ記の別の箇所では異なる表現が用いられている。

ユダとベニヤミンの敵対者は、捕囚から帰って来た人々がイスラエルの神、主のために神殿を建て

ていることを聞きつけた。（エズラ記四章一節）

するとその地の民は、ユダの民の士気を挫き、建築に取りかかる人々を妨害し、その計画を挫折させようと参議を買収した。（エズラ記四章四～五節）

これらの箇所で「ユダとベニヤミン」、「捕囚から帰って来た人々」、また「ユダの民」と呼ばれている集団はすべて同じ集団である。したがって、ユダ族とベニヤミン族の子孫、すなわちユダ王国の末裔が捕囚からの帰還民であり、彼らが新たな「ユダの民」となったわけだが、それを他の箇所では「イスラエル人」と呼んでいるのである。

他方、「ユダとベニヤミンの敵対者」と「その地の民」も別の同一集団を指し、その中にはおそらくサマリア人も含まれていたはずである。彼らを敢えて「イスラエル」と呼ばないのは、帰還民が自分たちこそ「真のイスラエル」であると考えていたためであろう。

捕囚からの帰還民は、自分たち以外の人々を、たとえ彼らがヤハウェを崇拝していたとしても、「真のイスラエル」とは区別した。次の記述を見てみよう。

捕囚から帰って来たイスラエルの人々、またイスラエルの神、主を求めてこの地の異国の民の汚れから離れてきたすべての人々が食事をした。（エズラ記六章二一節）

ここでは「イスラエルの人々」と「イスラエルの神、主を求めてこの地の異国の民の汚れから離れてきたすべての人々」とが明確に区別されている。後者は、ヤハウェの崇拝者であっても、帰還民が「異国の民の汚れ」とみなす慣習を棄てねばならなかった。具体的な慣習は示されていないが、バビロニア捕囚を免れたユダの住民が、神殿がない状態で行っていた土着の祭儀などを指すと考えられよう。

このように、かつてのユダ王国の末裔たちは、「イスラエル」の継承者を自任し、ライバルであった北イスラエル王国の末裔たちに「イスラエル」という呼称を用いることを拒んだ。こうしたエズラ記・ネヘミヤ記の記述の背後に、当時繰り広げられていた「真のイスラエル」をめぐる〈戦い〉が浮かび上がるのである。

興味深いことに、同じ頃に編纂されたと思われる歴代誌では、北王国についての記述のトーンがエズラ記・ネヘミヤ記とは若干異なる。歴代誌下三〇章は、南王国の王ヒゼキヤが過越祭を執り行う際に、ユダだけでなくイスラエルにも招待状を送ったことが記載されている。以下、抜粋部分を見てみよう。

ヒゼキヤは全イスラエルとユダに使者を遣わし、エフライムとマナセには手紙を書いた。エルサレムの主の神殿に集い、イスラエルの神、主のために過越祭を祝うためである。（歴代誌下三〇章一節）

急ぎの使いは王とその高官たちから託された手紙を持って、全イスラエルとユダに行き、王の命じたとおりに言った。「イスラエルの人々よ。アブラハム、イサク、イスラエルの神、主に立ち帰れ。そうすれば主は、アッシリアの王たちの手から逃れて生き残ったあなたがたのもとに帰って来てくださる。先祖の神、主に背いたあなたがたの父たちや兄弟たちのようになってはならない。（中略）もしあなたがたが主に立ち帰るなら、あなたがたの兄弟や子どもたちは、彼らを捕らえた者たちの前で憐れみを得て、この地に帰ることができるであろう。あなたがたの神、主は恵みに満ち、憐れみ深い方である。そのもとにあなたがたが立ち帰るなら、御顔を背けることはない。」急ぎの使いはエフライムとマナセの地を町から町へと渡り、ゼブルンまで行ったが、人々は彼らを物笑いにし、嘲った。(同六〜一〇節)

ヒゼキヤは、ユダで祝われる過越祭に、「全イスラエル」を招待したが、北王国の人々はこうした招待を嘲笑ったというのである。「エフライムとマナセ」というのは、北イスラエル十部族のうち、中心的な二部族で、都サマリアをはじめ、シロ、シケム、ベテルなど、重要な都市がこれらの部族の支配地域に位置していた。

ここでも、列王記下一七章と同様、アッシリアによって連行されなかった北王国の残りの人々が背教者であるという視点が見られる。他方、彼らも「立ち帰る」、すなわち、エルサレムの過越祭にやって来てともに祝うならば、許されて、すでに捕囚されている人々まで戻って来るというのである。

歴代誌が、どんなに早くともペルシア時代より前に書かれたということはあり得ないという点で、研究者の意見は一致している。したがって、列王記にはない、ヒゼキヤによる過越祭の祝い(列王記ではヒゼキヤの曾孫のヨシヤが数百年ぶりに挙行)自体、フィクションに違いない。つまり、こうした記述には、エズラ記・ネヘミヤ記とほぼ同時代の歴代誌筆者の視点が反映されていることになる。

続く歴代誌下三〇章一一節によれば、「それでも、アシエル、マナセ、ゼブルンから、へりくだって、エルサレムに来た者もいた」という。「アシエル、マナセ、ゼブルン」は北イスラエルの部族である。つまり、わずかながらこの時に北イスラエルから「回心」した人々もいたということになる。

また、ヒゼキヤは南王国の王であったにもかかわらず、ユダのみならず、北王国の領土の一部においても異教的祭儀の施設を破壊したことが歴代誌下三一章一節に記されている。列王記にはないこの記述もまた、歴代誌筆者によるフィクションであることはおよそ間違いない。

こうした歴代誌の記述は、アケメネス朝時代における帰還民の一部には、北の遺民（サマリア人）に対して、より柔軟な見方をする人々もいたことを示している。帰還民が正統とする、エルサレム神殿でのヤハウェ祭儀に共鳴した北の人々がわずかながらもいたことを、歴代誌の記述は暗示しているのかもしれない。

エズラ記・ネヘミヤ記の作者は、こうした北からやって来た人々を「真のイスラエル」とは認めなかったであろう。しかし、歴代誌筆者は、過去においてエルサレムのヤハウェ崇拝に帰依した人々がいたことを記すことにより、同時代においてもエルサレムにやって来る北の人々を同胞として受け入れてもよいのだ、という立場を示したと考えられよう。

エズラ記・ネヘミヤ記と歴代誌の間にも、「真のイスラエル」の定義をめぐる神学的・思想的主張の〈戦い〉が繰り広げられているのである。

V　祭司の正統性をめぐる〈戦い〉——どちらの地位が上か

「祭司」と「神官」

旧約聖書を開くと、「祭司」という言葉が何度も登場するのを目にするだろう。ヘブライ語では「コヘン」という単語で、英語では一般にpriestと訳される。英語のpriestはカトリックの「司祭」やプロテスタントの「牧師」、古代エジプトや古代メソポタミアの「神官」にも使われるし、仏教の「僧侶」や神道の「神主」などにも使われる一般的な語で、祭祀を司る人々、すなわち「聖職者」を指す。

しかし、ここに見るように、priestに当てられる日本語の訳語は実に多様である。もちろん「宗教」が異なれば、祭祀の対象や方法も異なるだろう。[1] それが理由なのか、英語でpriestに対応する人々を指す日本語は「宗教」ごとに使い分けられる傾向がある。確かに「僧侶」と「神主」では異なる姿を想像するし、「司祭」と「神官」でも異なるイメージを持つだろう。これが日本語の語彙の豊かさを表していると言われればそうかもしれないが、かえってそれが仇となり、イメージばかりが先行してしまって本質が見えなくなっては意味がない。

調べてみると、現代中国語訳聖書においても「コヘン」は「祭司」と訳されている。したがって、日本語の「祭司」という訳語は漢訳聖書に由来するものと推測される。ところが、「神官」は中国語訳聖書では用いられていない。「神官」という言葉がかつて日本で正式に使用された時は、官吏としての神職を指していたようである。つまり、この場合の「官」は、裁判官、警察官、自衛官などといった官職を指すことになる。

「神官」と訳されているヘブライ語は「コメル」であり、英語ではfalse priestやidolatrous priestと、「偽」や「偶像崇拝の」などという否定的な言葉が加えられて訳され、中国語では「偶像的祭司」などという訳語があてられている。「コメル」という語は旧約聖書中三回しか用いられておらず、そのすべてが「正統」とみなされない聖職者を指す。したがって「コメル」は、旧約聖書の筆者たちが「祭司」という言葉と区別するために用いた、明らかな差別的用語である。[2] 文語体の明治元訳聖書や口語訳聖書を見ると「コメル」は「偶像の祭司」などと訳されていることから、日本語訳聖書の中でも「神官」という訳は新しいものであることが窺える。[3]

「コヘン」も「コメル」も同じ一語の単語なので、言葉を加えずに「祭司」とは異なるニュアンスを出すために日本語訳では「神官」が選ばれたのだと推測される。しかし「神官」自体には否定的な意味はない。より適切な訳語を見つけるのは難しいが「偽祭司」なども候補になるかもしれない。

訳語はともかく、ヘブライ語の「コヘン」が、旧約聖書の筆者から見て一応は「正統」と思われる聖職者を指していることは確認できた。ただし、明らかにヤハウェ崇拝とは無関係のエジプトの聖職者にも「コヘン」が使われていることから、「コヘン」があらゆる聖職者を表す、より一般的な言葉であるのに対し、「コメル」には常に否定的な意味が伴うということは確認しておきたい。[4] つまり、すべての「コヘン」がヤハウェ崇拝を行っている聖職者ではない、ということである。本書においては、「コヘン」の訳語として従来通り「祭司」という語を一貫して用いることとする。

「祭司」とは何か

神と人との関係を主要な主題とする旧約聖書において、「祭司」が重要な役割を担う人々として頻繁に言及されるのは当然であろう。ではこれらの祭司たちはヤハウェの祭祀においてどのような役目を果たしたのだろうか。

祭司の役割を一般化して示すならば、それは神の領域と人間の領域、あるいは人間が知覚し得ない領域と知覚し得る領域との間を橋渡しすること、と言えるかもしれない。古代においては、特に集団としての人間の領域が重視された。その「橋渡し」として、神に犠牲を献げたり、祭を執り行ったり、人々の崇拝の仕方が適切かどうか監督したりなどし、また神からの祝福や加護、託宣などを人々に与えたのが祭司である。

言い換えれば、祭司は神の前では人々を、人々の前では神を代表する存在であった。神と人の間の「インターフェイス」と言えよう。彼らは人々に祭儀の意味や目的を説明し、人々の前で律法を朗読し、また「聖なるもの」についての伝承や讃美歌を保存し、それらを歌った。教育者や伝承者の役割をも果たしていたことになる。祭司以外の人々はこうした「聖」なるものに直接近づく特権が与えられていなかったのである。

当然ながら、こうした人々が存在することができたのは、当時の人々が神と一般の人々の間に立つ特別な人間が必要であると信じていたからである。パレスチナのみならず、古代西アジアには、同様の役割を担った人々が存在していた。

そしてこれら「特別な人々」は、自分たちにはあり、他の人々にはないと信じ込ませた特権を強調することによって自らの生き残りを図った。彼らしか最も「聖なる場所」にアクセスすることはできず、また、神の「深遠な」知識に通じることもできない、と人々に思い込ませたのである。

祭儀が人々とその信仰に対してどのような力を持っていたのか、次の例から考えることができる。レビ記一六章には「贖いの日」の祭儀の仕方が記述されている。「贖い」とは人間が犯した罪を、犠牲を献げることで神から許してもらう祭儀である。まず、若い雄牛一頭と、毛の長い雄山羊二匹、さらに羊が一匹準備される。祭司アロンは自分と一族のための贖いとして雄牛を献げる。二匹の雄山羊のうちの一匹は民全体のためにヤハウェに献げられ、他方は「贖いの儀式」の後、荒野の「アザゼル」に放つようにと書かれている。アロンは「雄山羊の頭に両手を置き、イスラエルの人々のすべての過ちと、罪となるあらゆる背《そむ》きをすべて告白し、それらを雄山羊の頭へ移してから」雄山羊を荒野に放つのである（レビ記一六章二一節）。「アザゼル」については何の説明もないが、古代西アジアの信仰体系に照らせば、何らかの魔物を指していると思われる。現代においても、このような方法で人々の過ちや罪を動物に着せることができるのであれば、刑務所は必要なくなるだろう。ただし、動物愛護団体から猛烈な非難が浴びせられることは必須である。ここで大事なのは、人々がこうした祭儀を通して、自分の罪が許された、と心から感じることにあった。祭司は裁き人でもあったので、この祭儀の後に祭司が無実を宣言すれば、罪人はそれで社会的に許されることになり、それによって実際当人も罪からの解放感を味わうことができたのだろう。同時に、こうした祭儀を信じない人々には、その祭儀は何ら効果を及ぼすことはなかったであろう。犠牲の持つこうした社会的機能を考えると、当時、祭司には絶大な権力が与えられていたと言うことができよう。

　無論、祭司にこうした特権が生じたのには何らかのきっかけがあったと考えてよい。カリスマ的な人間が、奇跡を起こすなどして人々の信仰を集め、神と人との間の仲介者を自他ともに認めるようになった、などということが考えられる。しかしその後、ある個人に一度生じた特権が世襲化され、世代を超えて引き継がれた結果、継承者たる祭司のみが神へのアクセスを独占することとなったようである。例えば、出エジプト記三〇章二二～三八節は、神に献げる聖なる香油や香の調合について記述するが、これらを一般の人がつけたり、その香りを嗅いだりすることは死をもって禁じられている。一般の人々がアクセスできないこうした「秘儀」を創り出し、そして独占することにより、祭司たちは、たとえ奇跡を起こせずとも、自らの神秘性とそれに由来する権威を高めようとしたのである。

祭司の仕事の一つに、神からの託宣を得ることがあった。その道具とされたのが「エフォド」である。出エジプト記二八章や三九章は、エフォドを祭司が身に着けるものとして描いているが、サムエル記上二三章や三〇章では、ダビデが祭司にエフォドを持ってこさせ、それを使ってヤハウエに託宣を求める場面が描かれている。また、同様の役割をする道具として「ウリムとトンミム」というものがあった。王サウルがウリムを使ってヤハウエへの託宣を求めたことがサムエル記上二八章六節に記されている。また、民数記二七章二一節には、祭司がウリムを用いてヤハウエに人々の間の裁定を求めるという記述がある。神託を得るのに用いられたこうした道具が、どのようなもので、どのように使われていたのか、その詳細については記されていない。ウリムとトンミムは、それぞれヘブライ語アルファベットの最初の文字（アレフ）と最後の文字（タウ）の頭文字から始まる単語であることから、文字が書かれたサイコロのようなものを想像する研究者もいる。いずれにせよ、古代の中国や日本において亀甲やシカの骨の亀裂によって吉凶を占ったように、古代パレスチナにおいても何らかの道具を用いて神の意志を知ろうとしたのである。その役目を担ったのが祭司であった。言わば神の「代弁者」の役である。

古代において神の「代弁者」の権威は非常に高かった。今日の日本であれば国会で長い時間をかけて審議し、しかる後にようやく決められるような、国民にとって重要なことを、祭司のうちだけで決定し、「神の言葉」として宣言することさえ理論的には可能だったはずである。

祭司の仕事はこれだけに留まらなかった。彼らは、家族間や氏族間で生じた、相続、土地、結婚などをめぐる問題にも裁定を下した。こうした問題については「長老」と呼ばれる人々が主に裁定の役割を担っていたが、彼らの間でも調停が難しい場合などには、祭司の権威をもって裁定を下すことが行われたようである（申命記一七章八～一〇、一二節）。

「聖なる場所」と権力

祭司の働く場所は（必然的に）「聖なる場所」であった。エルサレムにヤハウェの神殿が建てられたのは、紀元前一〇世紀のソロモンの治世であったとされるが（列王記上六章）、それ以前も以後も、古代のパレスチナの様々な場所に神を祀る場所が存在していたようである。これらの重要な場所のうち、すでにシケム、シロ、ベテルについては触れた。他にもダン、ミツパ、ギルガルなどがそうした重要な「聖なる場所」として旧約聖書に言及される。

「聖なる場所」が複数あったのは、住民が近くにそのような場所を持つ必要があったからであろう。犠牲を献げるなどの祭儀のみならず、裁定にも関わる祭司のいる場所が、徒歩で何日もかかるようなところにしかないと住民は困る。裁定の役割を果たすために、「聖なる場所」には、自分たちの氏族だけのもの、それよりも大きな部族に属するもの、そして複数の部族などで管理するものと、様々なレベルのものがつくられたと推測される。ここに挙げた重要な「聖なる場所」は、複数の部族で管理するような場所であった。都市化が進み、異なる出自の人が同じ地域内で暮らすようになってからは、単なる血縁ではなく地縁の共同体によって管理する「聖なる場所」が設けられたことだろう。

複数の部族が管理する「聖なる場所」では、祭のたびに多くの人が集まり、そこで行われる祭儀を通して、血縁共同体・地縁共同体の結束が確認されたであろう。年に一度か二度の日本の神社の祭でともに神輿を担いだり、山車を曳いたりするのも、共同作業を通して共同体の結束を固める目的がある。古代パレスチナの祭では、自分たちの「共通の物語」を語り、共属意識を高めたと考える研究者もいる。

そうした、人々が繰り返し接し、よく知られていた物語が、後に旧約聖書のテクストの基盤を構成したというのである。

これらの「聖なる場所」は、おそらく非常に古くから人々の信仰を集めていた。その理由は必ずしも定かではない。部族間の境界にあったことが理由だったのかもしれないし、かつてそこで奇跡的な事柄があったことに由来したのかもしれない。旧約聖書は「聖なる場所」で生じた奇跡的な事柄を記していることもある。

すでに見た通り、創世記三五章は、先立つ二八章の物語で神がヤコブの夢に現れた場所、すなわちベテルに祭壇を築く物語である[5]。ベテルはその後、王国時代までずっと「聖なる場所」として機能していたことから、神が（夢に）現れたという「奇跡」が伝承としてその場所に保存されていた可能性が考えられる。

他にどのような場所が「聖なる場所」と考えられたのだろうか。「聖なる場所」のありかについて、旧約聖書はさらにヒントを与えてくれる。

> あなたがたが追い払おうとしている諸国民が、高い山の上や丘の上、茂った木の下で彼らの神々に仕えてきた場所は、必ずことごとく破壊しなければならない。（申命記一二章二節）

この一文は、現在の旧約聖書全体の文脈においては、「約束の地（＝パレスチナ）」に入る前に神がイスラエルの民に与えた命令の一部である。この記述からは、高い山や小高い丘、また茂った木の下などが、パレスチナにおいて伝統的に「聖なる場所」とされていたことが読み取れる。

旧約聖書には、「木の下」で何かが執り行われた、あるいは誰かが死んで「木の下」に埋められた、という記述が少なくない。[6] 緑生い茂る大木は、日本などに比べてはるかに雨量の少ないパレスチナの風土において、強力な生命力を象徴し、また何らかの超自然的な力をも感じさせるものだったのだろう。ナツメヤシと思われる樹の両側に後脚で立ち上がる草食動物が配された「生命の樹」と呼ばれるモチーフは、古代西アジア全体でも、そしてパレスチナでも非常によく用いられた。日本のアニミズム的な信仰に通ずるところがある。

さて列王記下一六章四節は、これらの場所を破壊せよという神の命令が守られなかったことを示している。[7]

さらに、高き所や丘の上で、また、すべての生い茂った木の下でいけにえを献げ、香をたいた。

この種の「正しくない」祭儀がヤハウエを怒らせ、その結果、北王国も南王国も共に滅んだのだと列王記は説明する。無論、これは回顧的な記述であり、王国時代当初から申命記に記されたような命令そのものがあったと考える研究者は今日ほとんどいない。命令自体、これらの場所にあった「聖なる場所」を廃棄しようとした時にそれを正当化するため、もしくは王国滅亡後にその原因を説明するために記された可能性が高い。

自らの権力を正統化するのに超人間的な権威を後ろ盾につけるのは、古今東西、権力者の常套手段である。古来より「聖なる場所」とみなされてきた場所で、長い伝統に裏打ちされた権威によって正統性が認められれば、その権威を従来から認めていた人々を支配するのに都合がよい。そのため、王位に就く時などには、人々が「聖なる場所」とみなす場所において「公式」に即位儀礼が執り行われた。こうした儀礼はおそらく祭司たちをも味方に引き入れて挙行したのだろう。

最初に古代イスラエルに王権を打ち立てたと言われるサウルが王位に就いた際の描写をサムエル記上一一章一五節から見てみよう。

民は皆ギルガルに行き、主の前でサウルを王とした。それから、会食のいけにえを主の前で屠り、サウルもイスラエルの人々もすべて、大いに喜び祝った。

ここでは、当時「聖なる場所」の一つであったギルガルというところで、サウルの即位とそれに引き続く祭儀、そして祝宴が行われた様子を見ることができる。

「聖なる場所」で神を祀っていた祭司たちは、権力と結びつき、かねてより権威とみなされていたもの、すなわち「神」を王権の正統性の強化に用いた。祭司としては、パトロンとして自分たちの組織と特権を財政的にも支えてくれる王権は歓迎すべき存在であっただろうし、同時に王権もまた、祭司たちを味方に引き込むことの重要性を十分認識していたのである。

王と祭司の結びつきを示す典型的な例の一つを列王記上一章に見出すことができる。この物語は、ダビデの王子の一人アドニヤが、高齢のダビデがまだ在位中に自らの王位を宣言する事件を描いている。その時アドニヤは「ツェルヤの子ヨアブと祭司のエブヤタルに話を持ちかけたので、彼らはアドニヤを支援した」（七節）。他方、「祭司ツァドク、ヨヤダの子ベナヤ、預言者ナタン、シムイとレイ、およびダビデの勇士たちは、アドニヤにくみしなかった」（八節）とあり、これらの人々は別の王子ソロモンの側についたとされる。この王位継承争いに勝ったのはソロモンであった。ここではアドニヤもソロモンもそれぞれ祭司を一人味方につけていることが注目される。

話を「聖なる場所」に戻そう。「聖なる場所」には、それが「聖なる場所」であることを示す何らか

図10　テル・ベエル・シェバ出土の祭壇（紀元前8世紀、イスラエル博物館蔵）

の人工物が建造された。たとえ最初は「茂った木」のような自然があったことが「聖なる場所」となった理由であったとしても、である。

すでにこうした場所に祭壇や記念碑等がつくられたことについては、旧約聖書の記述から確認した。祭壇はパレスチナの幾つかの遺跡から出土している。[8]出エジプト記二七章二節によれば、「祭壇の四隅に角《つの》」がつくられたという。遺跡から出土する遺物が祭壇であると解釈されるのは、この記述と合致するような「角」が四隅に見出せるからである。また祭壇のそばから多くの獣骨が出土することも少なくない。これらは祭壇で献げられた犠牲獣の骨だろう。

旧約聖書が「香をたく祭壇」（出エジプト記三〇章二七節など）あるいは「香炉」（レビ記一〇章一節）と呼ぶものと思わしき遺物が出土することもある。どちらも、何かを上で燃やす器具である。天の神は何かを燃やして立ち上る煙を嗅ぐと考えられていた。特に香の方は、「宥めの香り」と呼ばれ、神が怒ることがないよう、宥めるためのものであった。「香り」を伴う祭儀や儀礼は、キリスト教にも引き継がれているし、仏教でも見られる。神仏が嗅いでよい気持ちになるという発想は、人間が香りを快く感じたという経験に端を発するものであろう。

これら「聖なる場所」には建物が建てられることもあった。聖書協会共同訳の旧約聖書では、ソロモンがエルサレムに築いたヤハウェのための建物（原語では「ヤハウェの家」）を「神殿」と訳している。「神の家」とはすなわち神が住む場所に他ならない。旧約聖書には他にも「ダゴンの家」とか「アシュトレトの家」という異教の神の「神殿」が言及されているが、聖書協会共同訳ではこれらを「ダゴンの神殿」、「アシュトレトの神殿」とそれぞれ訳す（サムエル記上五章二、五節、三一章一〇節など）。

ところが、聖書協会共同訳は、同じ「ヤハウェの家」という原語でも、ソロモンが建てたものは「神殿」と訳すのに対し、それ以前のものには「主の家」という訳語を当てている。この訳し分けの背後には、エルサレムに神殿が建てられる前にヤハウェの「神殿」があったという記述は、ソロモンが初めて神殿を建てたという記述と矛盾するという判断があったに違いない。確かに、ソロモンが神殿を建設する前の時代を描く部分において「ヤハウェの家」はごくわずかしか言及されていない[9]。

エルサレムに神殿が建てられる前に「ヤハウェの家」があったとされるのは、シロである（サムエル記上一章など）。シロに関する旧約聖書の言及は、ソロモンの息子のレハブアムの時代以降姿を消す。エレミヤ書七章一二節は、エレミヤが活躍したバビロニア捕囚の頃、すでにシロは荒廃していたことを示唆している。おそらく、シロはエルサレムに都が置かれる前に放棄されてしまったのだろう。発掘調査の結果もシロが紀元前一一世紀半ば頃に破壊されたことを示している[10]。

「契約の箱」と幕屋

エルサレムの「神殿」、すなわち「ヤハウェの家」には、一体何があったのだろうか。読者諸賢の中には、スティーヴン・スピルバーグ監督、ハリソン・フォード主演で一九八一年に大ヒットした『レイダース／失われたアーク《聖櫃》』という映画を覚えておられる方もいるだろう。この映画のタイトルにある「アーク」、日本語で「聖櫃」と訳されているものが、かつてエルサレム神殿の最奥部に置かれていたものだという。旧約聖書においてこの箱は、「契約の箱」、「証しの箱」、「神の箱」、「主の箱」、「聖なる箱」など、様々な名称で言及される。

箱というからには中に何かが入っていたに違いない。出エジプト記二五章一〇〜二二節によれば、そこに入れられたのは、イスラエルの人々が守るようにとヤハウェがモーセを通じて与えた「掟の板」であった。

当時の西アジアの諸神殿の多くには、神々の像があった。人々は神々を、人間の姿を持つ存在と思い描いていた。そのため、神々も人間と同じようにものを食べ、酒を飲み、結婚し、子供をもうけ、そして家に住む存在だと考えていた。神が人を「神の姿」に創った（創世記一章二六〜二七節）のではなく、人が神を「人の姿」に創ったのである。そのため、「神の家」たる神殿には神の像を置き、その世話をすることを神に仕えていることと考えた。

Ⅲ章に記したように、古代バビロニアの主神はマルドゥクといった。首都バビロンにはマルドゥクの神像を祀る神殿があった。このマルドゥク像は、外敵によってバビロンが攻撃され、征服された時に何度か持ち去られている。像がないと、その都市と王にとって重要な毎年の儀礼が執り行えず、社会が混乱を来すこともあった。こうした神の「旅行」は、神がその都市に対して腹を立てた結果と考えられ、神像が都市に戻った時には、その「帰還」が盛大に祝われた。腹を立てて家出するなど、古代西アジアの神々は非常に人間的な神々だったのである。

したがって、神像は古代西アジア世界において非常に重要な存在であり、それが「聖なる場所」にあることは、そこに神が存在していることと解された。重要な戦争の際にはこうした神像を戦場に持ち出して陣中に置き、士気を高めて敵と戦った。

しかし、旧約聖書の中には、イスラエルの人々が「聖なる場所」とした場所に神像があったと解せる明確な記述はない。近年、神殿にヤハウェの像があったという説は徐々に支持を集めており、旧約聖書のテクストの一部がそうした説の裏付けとして参照される。しかし仮にそう読める部分があるとしても、後代の「無像主義」ゆえに、それらのテクストは周到にカモフラージュされているため、神像があったことを明確に示しているとは言い難いのである[11]。現在の旧約聖書のテクストに照らせば、ヤハウェの場合、他の国々における神像の役割を果たしたのは「契約の箱」であった。

ヨシュア記三章は、ヨシュア率いるイスラエルの人々が、「約束の地」に到達するため、その境となっているヨルダン川を東から西に渡ろうとした場面を描いている。その際、箱を担いだ祭司たちが足を川面《かわも》につけると、ヨルダン川の流れが止まって、人々は容易に渡河できたという。[12]

ヨシュア記六章は、エリコという町を攻略するのに、祭司たちが箱を担ぎ、七日にわたって町の周りを行進した様子を描く。七日目に祭司たちが町を七度回り、鬨《とき》の声を上げると、町を取り囲む市壁が崩れ落ち、人々はそこから町の内部に侵入して、たやすく町を征服したという。[13]

サムエル記上四～六章は、この箱が敵であるペリシテ人に奪われ、返却されるまでを描いている。箱は、ペリシテ人に敗北を喫したイスラエル人が戦局を打開しようと戦場に持ち出したのだが、それを知り、死に物狂いで戦ったペリシテ人に逆に奪われてしまう。

これらすべてのエピソードは、旧約聖書は「契約の箱」を他の西アジア世界における神像の役割を果たすものとして描いていることを示している。

しかし、旧約聖書に明確なヤハウェ像への言及がないからと言って、本当にイスラエルの神殿に偶像がなかったかというと、そう言い切ることは難しい。有名な「十戒」の一部には次のように記されている。

> あなたは自分のために彫像を造ってはならない。上は天にあるもの、下は地にあるもの、また地の下の水にあるものの、いかなる形も造ってはならない。それにひれ伏し、それに仕えてはならない。
>
> (出エジプト記二〇章四～五節)

図11　メギド出土のバアル像？（紀元前1550～紀元前1200年頃、シカゴ大学オリエント研究所蔵）

図12　メギド出土のエル像？（紀元前1400～紀元前1200年頃、シカゴ大学オリエント研究所蔵）

この命令が守られなかったことは、この命令自体が記されていることからも推測できる。事実、イスラエルの王国時代の遺跡からも様々な土偶が出土する。[14] しかし、現在のところ、これが確実にヤハウェの像だと考えられるものは見つかっていない。ただし、王国時代よりも古い時代の層からは、バアルやエルを表していると言われる青銅小像が少なからず見つかっている。バアルは立って足を前に踏み出し、片手に武器状のものを振りかざすポーズを取る像、エルは椅子に座っている像とよく言われているが、こうした同定の妥当性は必ずしもはっきりしない。

列王記上一二章二八～三三節によれば、北王国では、ソロモンの死後、王国が分裂した際に「金の子牛」像を二体つくり、都ではなくダンとベテルという町にそれぞれ一体ずつ設置し、そこに祭壇を築いて祭を行っていたという。その子牛（または雄牛）は「神」と呼ばれた。

古代西アジアの神々の像は、しばしば特定の動物と関連づけられた。嵐の神には、雷鳴の響きがその唸り声と似ていることから雄牛がその動物に選ばれた。これらの動物は、神が乗る台座のように描かれる場合もあれば、神なしでその動物だけが描かれている場合もある。近年、クルディスタンで見つかったアッシリアの浮彫には、七柱の神々がそれぞれ獣に乗っている姿で描かれている。また、動物の像だけが描かれている場合、あたかもその動物の像に対して儀礼をしているように見えることがある。しかし人々は、その動物の像自体を神とみなしているわけではなく、動物の像が目に見えない神の臨在を示していると考えていたようである。つまり、北王国でつくられたという「金の子牛」はおそらくヤハウェの臨在を示すものであって、たとえ一見そのように見えるとしても、子牛そのものを神として崇めていたわけではないだろう。あるいは列王記筆者が北王国での祭儀を否定的に描こうとして、あたかも子牛そのものを崇拝していたかのように読者が受け取れる描写の仕方をしているのかもしれない。

> 王は周囲に助言を求めたうえで、二体の金の子牛を造り、そして言った。「あなたがたがエルサレムに上るのは大変である。イスラエルよ、これがあなたをエジプトの地から導き上った神々である。」（列王記上一二章二八節）

　このような記述は、子牛そのものが神々である、と王が宣言しているように見せていると解釈できる。[15]王国時代よりも前の北イスラエルのある遺跡からは、祭壇状遺構の側《そば》から雄牛の青銅小像が見つかっている。そのため、実際にこうした祭儀が北イスラエルにおいて行われていたことは想像できる。ヤハウェもバアルと同様、嵐の神として、牛がその臨在を表す神だったと考えてよいだろう。もしかすると、牛の像がヤハウェの臨在を表すようになったのは、ヤハウェとバアルとの習合の結果なのかもしれない。

　北王国を滅ぼしたアッシリアのサルゴン二世は自らの業績を記した碑文に、サマリアから「彼らが信頼する神々」を持ち去ったと記している。征服した国の神々の像をアッシリアに持ち帰るという行為は、他のアッシリアの王碑文にも記されているし、征服の様子を描く浮彫にそうした神像を持ち出すアッシ

図13　ローマ兵によるエルサレム神殿宝物の略奪（ティトゥスの凱旋門、フォロ・ロマーノ、81年頃建立）

リア兵士の姿が描かれることもある。これを征服の記述によく使われる紋切り型の表現と理解し、実際には北王国に神々の像などはなかったと考えることも無論可能ではある。しかし、旧約聖書も北王国に牛の像があったと記していることを考え合わせるなら、こうした牛の像がサマリアにも存在し、それがアッシリアによって持ち去られた可能性も十分あり得る。ただし、その場合「神々」とあるので、牛の像だけではなく、ヤハウェの配偶女神アシェラの像など別の像もあったのかもしれない。

では、南王国についてはどうだろうか。前述の通り、ソロモンによる神殿建設以降、神殿には「契約の箱」が置かれていたとされる。神殿がバビロニアによって破壊され、祭具がバビロニア人（旧約聖書は「カルデア人」と呼ぶ）によって持ち去られたことは列王記下二五章に記されている。しかし、そこに箱への言及は一切ない。この時以来、箱は行方不明となった（インディ・ジョーンズの映画では、その箱が実はエジプトにあったという設定である）。

その後アケメネス朝ペルシア時代になって、エルサレムに神殿が再建された時にも、箱がバビロニアから戻されたという記述はない。バビロニアからの帰還について記すエズラ記やネヘミヤ記も箱に一切言及しない。ダビデの時代にエルサレムに箱を運んで来た時には、「ダビデとイスラエルの家は皆、喜びの声を上げ」たとある（サムエル記下六章一五節）。また、マルドゥク像のバビロンへの「帰還」に伴い、バビロンで大いなる祝祭が開催されたことを考えれば、もし神そのものの臨在を表す箱がエルサレムに戻って来たのなら、人々はそれを大いに祝ったであろうし、旧約聖書のどこかしらにそうした喜びや祝祭を反映する記述があっても不思議はない。

記述が一切ないため、アケメネス朝時代のエルサレムの神殿の中に一体何があったのかについても謎のままである。箱の所在に旧約聖書が口をつぐんでいること自体、箱が辿った運命を暗示している。すなわち、箱はバビロニアによる征服の際にその場で破壊されたか、持ち去られて破壊されたかのどちらかだったのであろう。紀元七〇年、ローマ軍がエルサレムの神殿を破壊し、その祭具を略奪した。現在フォロ・ロマーノに立つティトゥスの凱旋門には、この時にローマ兵によって神殿の祭具が略奪される様が描かれているが、そこにもやはり箱は描かれていないのである。

バビロニアによる征服によってもたらされた新たな現実、すなわち、神が住む「家」も神の臨在を象徴する「箱」も共に失ったという現実は、新しい神学を開花させる契機となった。すなわち、神は土地に縛られない、人間が拵《こしら》えた家などには住まない、と考えるようになったのである。そしてその思想は、バビロニアによって神殿が破壊されるより前の過去を描く記述にも投影されている。

神は果たして地上に住まわれるでしょうか。天も、天の天も、あなたをお入れすることはできません。まして私が建てたこの神殿などなおさらです。（列王記上八章二七節）

これは、こともあろうにソロモンが、自らヤハウェのために建てた神殿が完成した時の祈りの中で発した言葉である。もし本当にソロモンがここに書かれているように考えていたのなら、莫大な予算と大量の労働力を使って七年にもおよぶ建築活動をする意味はほとんどないだろう。完成した神殿を前にしたなら、建設の施行者としては当然、ここにこそヤハウェが住まうのだ、と高らかに宣言するのが筋である。この家に神が住むことはない、などと、自らの大工事の成果と人々の信仰の拠り所を正面切って否定するようなことを建設者たる王自らが口にすることがあろうか。このソロモンの発言は、神殿喪失後の現実を反映しているのである。神殿が後に失われることに対する事前の「手当」とも言えよう。

ちなみに、アッシリアがサマリア征服の記述を残したのとは対照的に、バビロニア人によるエルサレム破壊についての詳細な記述は残っていない。アッシリア王と異なり、バビロニア王は征服の詳細を描くことに重きを置かなかったのかもしれない。結局、エルサレムの神殿の最奥部に「契約の箱」が存在したかどうかについては、ヤハウエの神像の有無同様、確かなことは何も言えない。ただ、神殿内に最初から全く何もなかったのであれば、旧約聖書はむしろそのことを強調するはずである。偶像制作を禁止し、神が人間のつくった家になど住まないと主張するのであれば、「神の家」が最初から空の、象徴的な空間だったと書く方が理に適っている。したがって、ヤハウェの神像はともかくとしても、「契約の箱」はやはりあったのだろうと筆者は考えている。

サムエル記下六章六～七節によれば、この箱は、触れた者を死に至らせる、恐ろしいものでもあった。

一行がナコンの麦打ち場にさしかかったときである。牛がよろめいたので、ウザは神の箱の方に手を伸ばし、箱を押さえた。すると主の怒りがウザに対して燃え上がり、神はウザが箱に手を伸ばしたということで、彼をその場で打たれた。彼は神の箱の傍らで死んだ。

ペリシテ人から返還された箱はキルヤト・エアリムという町のアビナダブなる人物がしばらく保管していた。ウザは、このアビナダブの息子であった。この場面は、箱を新都エルサレムに移動させようと考えたダビデ王からの命《めい》を、ウザたちが実行している様子を描くものである。この場面でウザは、善意から、もしくは反射的に、箱が落ちないようにと手で押さえたのだと思われる。押さえた理由自体に悪意は見られない。しかしたとえそういう理由であったとしても、箱に祭司以外の人間が触れることは禁忌とされていたようである。これは、箱の、そしてそれが象徴する神の恐ろしさや、前述した「神秘」に触れられる特権を独占する祭司の役割の重要性を際立たせるためのエピソードなのである。同じ理屈で言えば、エルサレム神殿が破壊された時、箱に手をかけたバビロニア人たちにもきっと同じことが起こったはずなのだが、そうした描写は旧約聖書のどこにもない。

ところで、エルサレムに神殿ができる前、この箱はむき出しのまま野外に置かれていたのだろうか。出エジプト記二五章には、箱の素材や意匠、寸法について、事細かな指示が与えられている。続く二六章には、箱を収めるための「幕屋」というものについて、同様の記述がある。[16] この記述によれば、幕屋は壁板や幕でつくられており、解体して持ち運ぶことができた。大きなテントを想像していただくとよいだろう。幕屋は「会見の幕屋」とも呼ばれ、神がモーセと「会見」する場所でもあった。旧約聖書によれば、エジプトを脱出するやいなや、神の命令で幕屋と箱がつくられ、そこに契約の板を入れて荒野を四〇年間さまよい、ヨルダン川を越えてパレスチナに定住するようになってもエルサレムに神殿ができるまでは常に幕屋に箱が置かれていた、ということになる。神自身、ダビデが神殿を建てようと考えた時に次のような言葉をダビデに与えたという。

私はイスラエルの人々をエジプトから導き上った日から今日に至るまで、家に住んだことはなく、天幕と幕屋を住みかとして歩んで来た。（サムエル記下七章六節）

これは、人がつくったものなどに神は住まないというソロモンの主張を神自身が否定している発言でもあるのだが、それはさておき、神はこの時、ダビデではなく、ダビデの息子が自分のために神殿を建てる、と告げた。この箇所は、王朝の創設者であるダビデではなく、なぜ二代目のソロモンが神殿を建設したかを弁明するくだりである。

ヤハウェがもともとは南方の神で当時のパレスチナでは新参者であり、当初は、エルやバアルといった古来パレスチナで崇拝されていた神々のように特定の土地と結びついていたわけではなかったと仮定すれば、こうした移動可能な「聖なる場所」の存在も説明可能であろう。しかし、やがて王が現れ、王の住む都が建設されると、そこには王が国家神と定めたヤハウェの神殿が建設されて、そこが祭儀の中心となり、移動可能な幕屋はもはや不要となった。幕屋と箱の伝承は、国家喪失後の人々に、神殿がない時代がかつてもあったということを示し、神殿再建まで信仰を失わないよう鼓舞するために有用な物語だったのかもしれない。なお、幕屋もその素材の性質上、考古学的にその存在を検証する術がない[17]。

祭司の資格

幕屋や神殿で神に仕えていたのが祭司という人々であった。では、祭司になることができたのは、どのような人々だったのだろうか。信奉する信仰伝統にもよるだろうが、現代の日本では、特に血筋などとは関係なく聖職者になる人も少なくないと思われる。「関係なく」とは、血筋が条件ではなかった、という意味である。無論、寺に生まれた人が寺を「継ぐ」ということはよくあることだろう。牧師の子が牧師になるというのも聞かない話ではない。しかし、逆に親が僧侶や牧師ではなくても、僧侶・牧師となることは多くの場合可能である。現に筆者の知人にも、僧侶の家に生まれたわけではないが仏教を勉強して僧侶になった人物がいる。

旧約聖書中、誰でも祭司になれたのではないかと理解される箇所はごくわずかで、それ以外のほとんどの記述は、祭司を特定の血筋の者に限定する。しかも祭司という職業・地位においてこの血筋が演じる役割は極めて重要なものだったようである。まずは、例外的な箇所から見てみよう。

このミカという男は神の宮を所有しており、エフォドとテラフィムを造って、息子の一人を任命し、自分の祭司としていた。(士師記一七章五節)

ここでは、ミカという名の男が自らの息子を祭司にしていたとされる。しかしこの後、ミカは家にやって来た「レビ人」に祭司となるよう請い、ミカは言った。「今や、主が私を幸せにされることを知った。レビ人が私の祭司になったのだから」(一三節)。

これらの記述から窺えるのは、誰でも祭司になれるが、「レビ人」の祭司の方が格が高いということである。では、「レビ人」とは何だろうか。

『レビ』は、イスラエルの祖ヤコブの十二人の息子の一人とされる。つまり、イスラエル十二部族のうちの一部族が「レビ人」ということになろう。十二部族は、パレスチナに定住する際、それぞれ特定の地理的範囲を持つ「嗣業《しぎょう》の地」(聖書協会共同訳では「相続地」)と呼ばれる、言わば領地を分与されたが、ヨシュア記二一章によれば、レビ人に与えられたのは「嗣業の地」ではなく、町と家畜の放牧地のみであったという。つまり、レビ人は、イスラエルの全部族の中に散り、自分とは異なる部族の領地内にある町に分散して住むことになったというのである。これらの町は「レビ人の町」と呼ばれる。なぜレビ人に「嗣業の地」が与えられないのか、申命記は次のように説明する。

その時、主はレビの部族を選び分け、主の契約の箱を担ぎ、主の前に立って仕え、その名によって

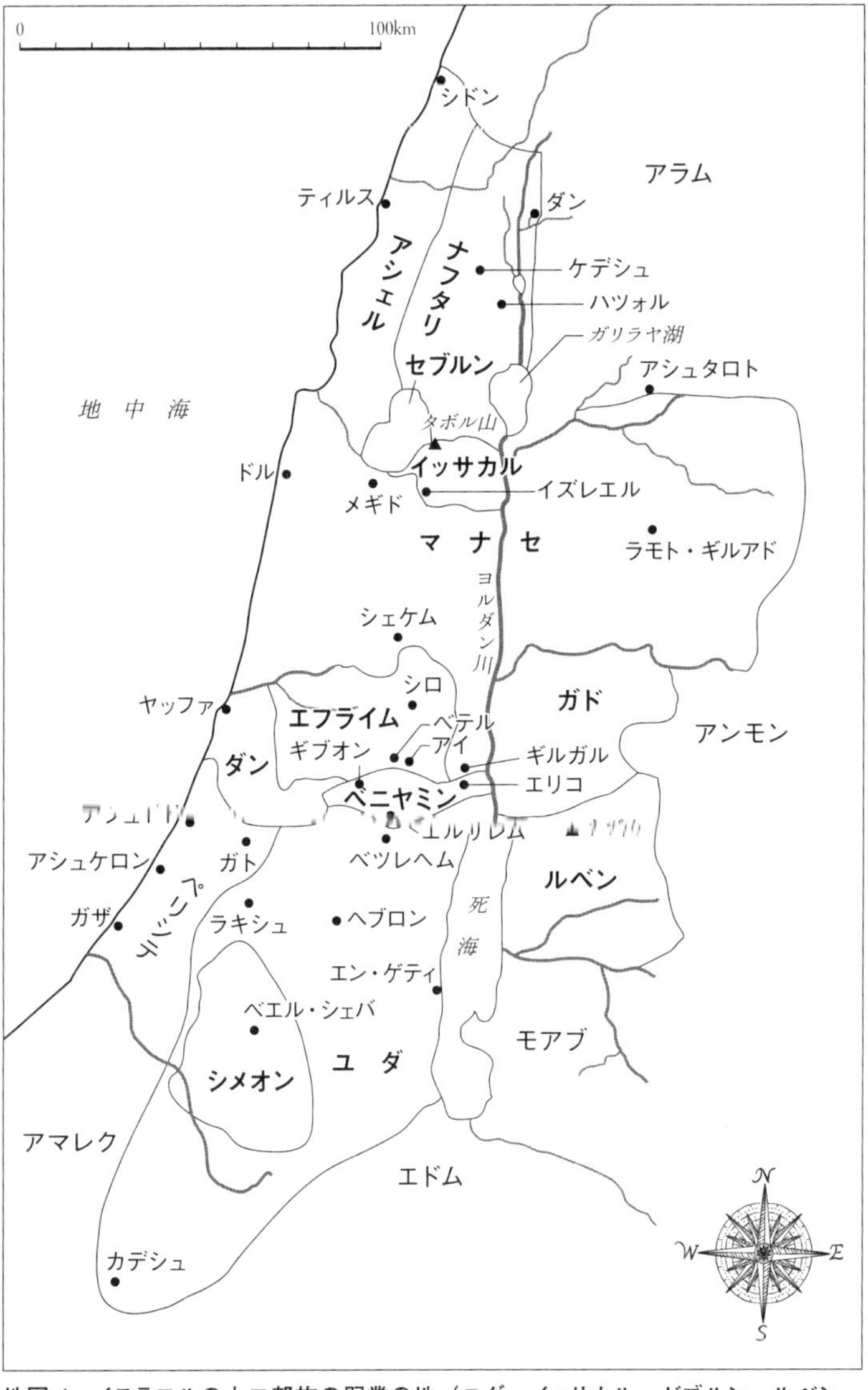

地図４　イスラエルの十二部族の嗣業の地（ユダ、イッサカル、ゼブルン、ルベン、シメオン、ガド、エフライム（レビの分）、マナセ（レビの分）、ベニヤミン、ダン、アシェル、ナフタリ）

祝福するようにされた。これは今日まで続いている。そのため、レビ人には、兄弟たちのような割り当て地や相続地がない。あなたの神、主が語られたとおり、主ご自身がその相続地だからである。
(申命記一〇章八～九節)

ここでは、レビ人の相続地は神そのものだというのである。レビ人が他の部族のように土地を持たないとなると、イスラエル十二部族から一部族分の領地が減るので、残りは十一部族になってしまう。しかしヨセフの息子の二人エフライムとマナセの子孫の集団が、自分たちは数が多いと訴えた結果、それぞれ一部族分と数えられて十二という数自体は保たれたという(ヨシュア記一七章一四～一八節)。

しかし昨今では、レビ人がもともと十二部族の一部族だったという記述は、史実を反映しているとはみなされない傾向がある。より古い時代の西アジアにおいて、家庭内の祭祀や家族内の裁定を司ったのは長子であった。長子の権利の重要性については、創世記が描く、ヤコブが双子の兄エサウから長子の権利を奪う物語からも容易に想像できる(二五章二七～三四節、二七章)。他方、旧約聖書は、長子の権利と、祭祀や裁定といった事柄との関係についてはほとんど触れていない。ただし、次の記述からはその残滓を垣間見ることができるかもしれない。

主はモーセに告げられた。「私はイスラエルの人々の中で初めに胎を開くすべての初子の代わりに、イスラエルの人々の中からレビ人を取る。レビ人は私のものである。初子は皆、私のものだからである。私は、エジプトの地ですべての初子を打ったとき、イスラエルの初子を人から家畜に至るまでことごとく聖別して私のものとした。私は主である。」(民数記三章一一～一三節)

この記述では、イスラエルの「初子」の代わりに、レビ人が神に献げられ神に仕えるのだと説明される。この記述をヒントに、もともとは長子が神に仕える習慣であったが、いつの頃からか、各家庭の長子の代わりに、職業的聖職者が出現したと考えられるのである。これは社会が複雑化し、職業が分化していったことと関係があるのだろう。レビ人は職業的聖職者として、各家庭で長子が担っていた祭祀や裁定の役割を肩代わりするようになった。そのことがここに挙げたような「初子を聖別する」という表現で示されているのかもしれない。

こうして職業的聖職者となったレビ人が、ヤハウェの祭祀との関連で担った特権について神はモーセに次のように告げている。

「あなたはレビ人に、証しの幕屋の管理と、それに関わるすべての祭具、すべての付属品の管理をさせなさい。彼らは幕屋とすべての祭具を運び、務めを行い、幕屋の周囲に宿営しなければならない。幕屋が進む際にはレビ人が畳み、宿営する際にはレビ人が組み立てる。一般の人が近づくならば、死なければならない。」（民数記一章五〇～五一節）

この記述によれば、レビ人のみが神の祭具を管理し、幕屋に触れることができたことになる。サムエル記下六章でウザが箱に触れて死んだ理由はこの記述を見れば一目瞭然であろう。ところで、ウザの兄弟については次のような記述がある。

キルヤト・エアリムの人々はやって来て、主の箱を運び上げ、丘の上のアビナダブの家に入れた。そして、アビナダブの息子エルアザルを聖別して、主の箱を守らせた。（サムエル記上七章一節）

文脈から言えば、ここでいう「聖別」とは、「祭司として任命する」という意味に他ならない。モーセの兄弟アロンはかつて祭司となるよう神から任命を受けたが、その時の神の言葉には「アロンを聖別し、祭司として私に仕えさせる」ように、とある（出エジプト記二八章三節）。「聖別」とは、「聖なるもの、神のものとする」という意味と考えてよかろう。アビナダブの家系については具体的に記されていないが、キルヤト・エアリムはユダ族の嗣業の地に属するので、アビナダブもユダ族であったと考えられる。つまりアビナダブは、レビ人ではない息子を祭司としたということになろう。箱を守らせたという彼の役割から考えても祭司と考えるのが適当である。そうなると、同じアビナダブの息子であっても、ウザは祭司ではなかったために箱に触れて死んだことになろう。

もう一つ、レビ人でなくても祭司となれたことを示す例を見てみよう。サムエル記下八章一八節には「ダビデの息子たちは祭司であった」とある。このダビデとは王ダビデのことである。ダビデはユダ族の出であるからレビ人ではない。それにもかかわらず彼の息子たちが祭司であったというのである。ここで使われている「コヘン」という単語を「相談役」と解釈することもあるが、そのような解釈を支持する強力な根拠はないため、やはり古くは出自に関係なく祭司になることができたと考えてよいだろう。王族が聖職者になる例は、ヨーロッパでも見られたし、日本でも天皇が引退して上皇になる際に出家したり、皇子が仏門に入ったりしたことがよくあった。

次の記述も、レビ人以外の人間が祭司となったことを示す例であるが、これまで挙げた例とは若干異なる。

ヤロブアムは高き所を神殿とし、レビ人でない民の中から一部の者を祭司とした。（列王記上一二章

三一節）

この後も、ヤロブアムはその悪の道から立ち帰ることがなかった。繰り返し、民の中から一部の者を高き所の祭司にし、志願する者は誰でも任命して、高き所の祭司になれるようにした。（列王記上一三章三三節）

北王国初代の王ヤロブアムの行動に関するこれらの記述からは、北王国とその祭司たちに対して、列王記が批判的な目を向けていることが窺える。それは、正統な祭司となり得るレビ人以外の者を北王国が祭司としたからであろう。当然これを描いたのは南王国の祭司制度を正統と考える書き手である。もう一箇所、今度は北王国滅亡後の出来事についての記述を見てみよう。

彼らは主を畏れ敬いはした。しかしながら、自分たちの中から高き所の祭司たちを任命し、その者たちが高き所の宮で、彼らのために祭儀を執り行った。（列王記下一七章三二節）

ここで「彼ら」とあるのは、北王国を滅ぼしたアッシリアが別の地域から連れて来て北イスラエルに住まわせた人々である。彼らもパレスチナの神であったヤハウェを崇拝するようにはなったが、「自分たちの中から祭司を任命し、その者たちが祭儀を執り行った」というのである。この記述からも批判的な視線が感じられる。これら別の地域からやって来た祭司は、当然レビ人ではなかったからであろう。このテクストは、北王国滅亡後にその地域に住んだ人々の祭儀が正統ではないと訴えているのである（Ⅳ章も参照）。

ここまでの議論をまとめてみよう。もともとは誰でも祭司になることはできたが、職業的なレビ人と呼ばれる祭司が登場するようになると、彼らの方がより格の高い祭司と考えられるようになり、やがてはレビ人でなければ正統な祭司とは認められなくなった。つまり血統こそが祭司となる際の最低限の資格となったのである。

祭司ヒエラルキー

旧約聖書の記述を詳しく見ていくと、祭司の中にもヒエラルキーがあったことがわかる。出エジプト記二九章は、祭司聖別の儀式について詳しく述べている。その中で「アロンとその子ら」が祭司として度々言及される。アロンとモーセは兄弟で、共にレビ人の家系とされているため、アロンやその息子たちには祭司となる資格はあるわけだが、それでも「レビ人」とせずに敢えて「アロンとその子ら」という表現で言及していることは注目に値する。厳密にこの律法に従おうとすれば、レビ人の中でも、幕屋や箱への奉仕が許されている、したがって後の王国における神殿で奉仕する資格があるのはアロンの子孫だけであるという意味に取れるのである。その他のレビ人に対するこのアロンの子孫の優位性は、次の民数記の記述に一層如実に表れている。

主はモーセに告げられた。「レビ族を連れて来て祭司アロンの前に立たせ、彼に仕えさせなさい。彼らは会見の幕屋の前で、アロンと会衆のためにその務めを守り、幕屋の仕事をする。すなわち、会見《かいけん》の幕屋にあるすべての祭具を守り、幕屋の仕事を行い、イスラエルの人々のために務めを守る。あなたはレビ人をアロンとその子らに属する者としなさい。彼らはイスラエルの人々の中から確かにアロンに与えられた者である。あなたはアロンとその子らを監督して祭司職を守らせなさい。一

般の人が近づくならば、死ななければならない。」（民数記三章五～一〇節）

ここでは、「アロンとその子ら」がそれ以外のレビ人に優越しているだけでなく、後者が前者に従属するとさえ記されている。つまり、アロンの子孫は祭司の、そしてレビ人たちの頂点に君臨する存在であることがここに宣言されているのである。アロンの子孫に与えられたこうした優位性は、歴代誌においては、「主の祭司であるアロンの子らとレビ人」（歴代誌下一三章九節）、「主に仕える祭司であるアロンの子らとレビ人」（同一〇節）などと、「アロンの子ら」を「主の祭司／主に仕える祭司」と呼び、レビ人と明確に分けることによってさらに強調されている。

また、アロンの孫であるピネハスとその子孫は、神から「永遠の祭司職」を得たとされる（民数記二五章一三節）。アロンの後には息子のエルアザルが（申命記一〇章六節）、そしてその後にはその子のピネハスが祭司職を継いでいる（ヨシュア記二二章一三節）。

民数記一六章は、「レビの子ケハトの子であるイツハルの子コラ」が、他の者たちと組んでモーセとアロンに反逆した出来事を描いている。[18] この箇所は、レビ人と祭司との違いについて考える際に興味深い材料を提供してくれる。

彼らはモーセとアロンに逆らって結集し、彼らに言った。「あなたがたは分《ぶん》を越えている。会衆全体、その全員が聖なる者であり、その中に主がおられるのだ。それなのに、なぜあなたがたは主の会衆の上で思い上がっているのか。」（民数記一六章三節）

この挑戦に対してモーセは次のように答えている。

「レビの子らよ、聞きなさい。イスラエルの神はあなたがたをイスラエルの会衆から取り分け、ご自身に近づかせ、主の幕屋の仕事をさせ、会衆の前に立たせて彼らに仕える者とされた。あなたがたはそれでも足りないのか。主はあなたを、そしてあなたの兄弟であるレビの子らをすべてご自身のそばに近づけられたのだ。それなのに、あなたがたは祭司職をも求めるのか。それだから、あなたとあなたの仲間は皆、主に逆らって集まったのか。アロンを何と思って、彼に対して不平を言うのか。」（民数記一六章八～一一節）

モーセの発言によれば、レビ人は幕屋の仕事はできるが、祭司ではないということになる。結局コラたちは神によって滅ぼされた。これは祭司とレビ人との身分の違いをはっきりと示す物語である。レビ人が祭司の権威に逆らってはいけないという教訓を語るこの物語の背景には、物語成立当時、アロンの子孫である祭司たちの権威に対する疑問があったものと思われる。

要するに、レビ人と言っても、どうやら血筋によって資格が異なるようなのである。これまで見てきたように、旧約聖書には、たとえ古い時代の「現実」を描いているように見えても、実際にはそれは過去に投影された後代の「現実」を描いている箇所が少なくない。そうした記述は、現在そうであってほしいという「理想」であったり、過去を修正することによって現在における正統性を主張したりと様々な理由から生まれたものである。前者の場合は、理想化した過去をモデルとして現在の改善につなげようという意図があり、後者では、記述している側の保身もしくは地位改善の主張が企図されている。ややこしいのは、そうした記述が、過去の現実を反映しているものなのか、それとも書かれた時点での現実を何らかの形で反映しているのかという判断が極めて難しいことである。

また、こうした記述の「意図」を理解するためには、当時の社会背景について知る必要がある。それとともに、旧約聖書内の同様の問題について言及する記述を精査し、それらと比較することも求められる。そのような作業をしていく上で問題となるのは、旧約聖書が長い年月をかけて成立した書物であるという点である。異なる時代に書かれた記述が組み合わされているため、それらがどのような順で、それぞれどのような時代背景で書かれたかについて想定していかねばならない。そして、こうした緻密な論理を重ねていく作業は、旧約聖書というコーパス内における論理の整合性の追究に過ぎず、結局のところ、推論に推論を重ねた仮説に終わってしまうことが多い。旧約聖書正典形成の仮説と同様、これにも最終的かつ排他的な結論というものはなく、様々な研究者が多様な意見を展開し、せいぜいその中核において共通認識が形成される程度のものである。

レビ人と祭司との関係、さらにこれから紹介する祭司の正統性をめぐる家系間の争いもまた、こうした議論の多い問題の一つである。したがって、ここでは現在のところの共通認識や、その基盤となっているテクスト上の「証拠」を中心に紹介することとする[19]。

レビ人とは何か

最初に考えたいのは、「レビ人」とはどのような人々であったのか、という点である。すでに、レビ人がイスラエル十二部族の一部族であったとされている点、また祭司となる資格のある人々であったという点は見ているが、どうもそれだけではなさそうである。まずは「祭司とレビ人」という表現から見ていこう。

主の箱、会見の幕屋、および幕屋の中にある聖なる祭具もすべて運び上げた。祭司とレビ人がそれ

らを運び上げたのである。（列王記上八章四節）

この箇所から明らかなのは、祭司とレビ人とが同じ作業を共同して行っているということである。そうであるならば、なぜこの二つの集団を併記するのだろうか。

他にも「レビ人と祭司たち」、「祭司たちとレビ人」という表現も使われている（歴代誌下一九章八節、三〇章二一、二七節）。すでに見たように、レビ人というカテゴリーの中に祭司が含まれているという理解にしたがうなら、上位集団がレビ人ということになる。そうであれば、この箇所は「レビ人」と総称すれば十分ではないだろうか。

仮にこの二つが明確に異なる集団であるとするならば、つまり、祭司とレビ人は根本的に異なる集団であるものの同じ仕事をする人々、と理解するならば、こうした併記の理由をよりよく説明できる。旧約聖書全体としては、レビ人の下位集団に祭司があるという理解が依然として有力だが、どうやら、レビ人と祭司とを別物としてみなす考え方もあったことが、こうした記述から見て取れるのである。

こういった点から考えると、先ほども触れた、レビ人が元来一部族ではなかった可能性が有力となってくる。つまり、何か神に関係すること、すなわち祭祀を生業とする人々で、相続地を持たず、自らの生活の糧をそれ以外の周囲の人々に依存していた人々が元来「レビ人」と呼ばれていた可能性である。

次に挙げるような記述は、この仮説をさらに補強する。

あなたの神、主があなたとその家に与えられたすべての恵みを、あなたと、レビ人と、あなたの中にいる寄留者《きりゅうしゃ》と共に楽しみなさい。（申命記二六章一一節）

あなたは、あなたの神、主の前でこう言いなさい。「私は聖なるものを家から取り出し、すべてあなたが命じられた戒めに従って、レビ人と寄留者、孤児と寡婦に与えました。」（同一三節）

ここでレビ人は、寄留者や孤児、寡婦と並んで言及されている。寄留者とは外国人であり、土地を持たない人であるから、これらはすべて社会的弱者と考えてよいだろう。そうなると、このテクストが示しているのは、レビ人が少なくともある時期、社会的弱者とみなされていたということである。他の部族とは違って「嗣業の地」を持たないことから生産手段が限られており、必然的に弱者であったのかもしれない。もしこの考え方が正しいなら、レビ人は後からイスラエルの十二部族の系図に組み込まれたことになる。当初は同種の職業集団であった人々の間で婚姻が進み、互いにある程度の血縁関係ができて「部族」と呼べるような状態になったのかもしれない。

ではレビ人もしくは祭司は土地を持たない状況でどのように生計を立てたのであろうか。

レビ人である祭司、レビ族のすべての者には、イスラエルのような割り当て地や相続地がない。それで、彼らは主への火による献げ物を相続分として食べることができる。（中略）祭司が民から、牛でも羊でも、いけにえを屠る民から受け取ることのできるものは次のとおりである。肩と両頰と胃は祭司に与えられる。穀物、新しいぶどう酒、新しいオリーブ油の初物、および羊毛の初物も、彼に与えられる。（申命記一八章一～四節）

このように神への献げ物がレビ人の食物や衣服（の材料）とされた。身近な比較対象として、日本の寺を想像するとよいかもしれない。自らの荘園を持つような有力なものではなく、村落の小さな寺である。かつてはこうした寺は、近隣（檀家）の葬儀を管理し、村人に教えや知恵を与える代わりに、自らは農作業や漁業などには原則として携わらずに、村人たちからの布施で生計を立てていた。レビ人たちも祭司としての務めのほか、裁判官や律法の教師としての役目を担っていたことが申命記には記されている（一七章八〜一三節、三一章九〜一一、二四〜二六節）。

先に挙げた申命記一八章に登場する「レビ人である祭司」という表現は、「レビ人である」という限定を祭司に付す表現で、申命記に何度か登場する。先ほど見たように、レビ人でない祭司も存在し得たが、申命記は「レビ人である祭司」とより限定し、その正当性を際立たせているように見える。

申命記はヨシュア記の前に置かれている。したがってその記述をそのまま読めば、王国時代の文脈ではなく、荒野を彷徨っている「現在」と、ヨルダン川の西側に渡って、土地を取得してからの「未来」を想定して語っているという文脈である。彷徨っている間は、人々は一団となって移動しているという設定なので、「聖なる場所」はすなわち幕屋のある場所一箇所のみということになる。したがって「レビ人である祭司」はヤハウェの中央聖所で仕えることができた人々ということになろう。同時に、定住後は「レビ人の町」が決められ、彼らは各地に分散することが想定されている。この「未来」に言及し、申命記には次のような記述がある。

> レビ人は望むままに、彼が寄留している、イスラエルのすべての人々のどの町からもやって来て、主が選ぶ場所に移ることができる。彼は、主の前に立っているレビ人、すなわち自分のすべての兄弟と同じように、彼の神、主の名によって仕えることができる。（申命記一八章六〜七節）

申命記にしか用いられない、この「主が選ぶ場所」とはいったいどこを指すのだろうか。申命記にその答えはない。もう一箇所見てみよう。

あなたがたの神、主が、その名を置くためにすべての部族の中から選ぶ場所、その住まいを尋ね求めなければならない。あなたはそこへ行きなさい。（申命記一二章五節）

これは、神がイスラエルの人々に、「約束の地」に入ったらどこで神を崇拝すべきかについて語っている部分である。これに先立つ部分はすでに見た申命記一二章二節で、そこでは、「諸国民」が「聖なる場所」としているような場所で祭儀をしてはならず、むしろそうしたものを悉く破壊せよ、と神は命じている。今度はさらに、神が「その名を置く」場所で自分を崇拝するように求めている。では神が「その名を置く」場所とは一体どこだろうか。

ユダでは、ソロモンの子レハブアムが王となった。レハブアムは四十一歳で王位につき、十七年間エルサレムで統治した。そこは、主が名を置くために、イスラエルのすべての部族の中から選ばれた都であった。（列王記上一四章二一節）

右の列王記の記述では、神が「名を置く」場所はエルサレムであると解釈されていることになる。列王記によれば、申命記に記されているような禁じられた場所での祭儀は王国時代に入っても止むことはなかった。こうした状態を、「改革」によって是正したのがユダ王国の王ヨシヤであった。列王記下二二～二三章には、彼が神殿の修理の折に「見つかった律法の書」に基づき、不適切な「聖なる場所」を悉く破壊した様が描かれている。研究者の意見は、この時に「見つかった律法の書」が現在の申命記の一部であったということで一致している。[20] しかし、そうなると地方の「聖なる場所」で仕えていた人々はどうなったのだろうか。

ユダの各地の町からは、祭司をすべて呼び寄せた。そして祭司が香をたいていたゲバからベエル・シェバまでの高き所を汚した。また、門にあった高き所を破壊した。（列王記下二三章八節）

ヨシヤによるこのような「改革」が史実とするならば、地方の「聖なる場所」（聖書協会共同訳では「高き所」）の閉鎖に伴い、大量の祭司もしくはレビ人が職を失うこととなったであろう。この歴史的文脈において、先ほどの申命記の一八章の言葉、すなわち、レビ人は「望むままに、彼が寄留している、イスラエルのすべての人々のどの町からもやって来て、主が選ぶ場所に移ることができる」という許可がなぜ記されているのかが説明できる。「主が選ぶ場所」がエルサレムであると解釈するなら、この時、職を失ったレビ人、列王記の表現で言えば「高き所の祭司」はエルサレムに来ることができた。廃止する事業で失業する人たちのために、国が予め失業対策を練っていたのである。しかし、エルサレムにやって来た後の、それらの祭司たちの待遇はどうだったのだろうか。

高き所の祭司は、エルサレムの主の神殿の祭壇に上ることはなかったが、一族に交じって種なしパンを食べることはあった。（列王記下二三章九節）

申命記一八章では、全てのレビ人は「主の前に立っているレビ人、すなわち自分のすべての兄弟と同じように、彼の神、主の名によって仕えることができる」（七節）とあるが、列王記の記述によれば、ヨシヤの改革で失業したレビ人たちは、エルサレムに来たものの、その神殿で仕える正式な祭司としては認められなかったようである。すでにエルサレムの神殿には長い伝統があり、代々祭司を務める家系がその職を独占していたことが想像される。

王国時代のエルサレムの祭司

それでは、どのような家系が王国時代の祭司職についていたのだろうか。王国時代初期、ダビデは二人の祭司を任命している。サムエル記下八章一七節によれば、それは「アヒトブの子ツァドクとエブヤタルの子アヒメレク」であった。しかし、この後の記述を見ていくと[21]、ダビデの祭司はツァドクとエブヤタルとされているため、ここには何らかの誤植が含まれているのではないかと考えられてきた。

実際、エブヤタルはこれより前の物語の中で、「アヒトブの子アヒメレクの息子」(サムエル記上二二章二〇節)や、「アヒメレクの子エブヤタル」と紹介されている(サムエル記上二三章六節、三〇章七節など)。そのため、例えば古代シリア語訳が保存するように、エブヤタルとアヒメレクとの親子関係を逆転させ、もともとは「アヒトブの子ツァドクとアヒメレクの子エブヤタル」と記されていたと考えるべきだという提案がなされている[22]。

そうなると今度は、ツァドクの父とエブヤタルの祖父が共にアヒトブということになる。しかし、この二人が叔父・甥の関係であったことを示す記述はどこにもない。すでに見たとおり、このエブヤタルはソロモンの敵側の王子に組みしたために、後に追放され、ソロモン時代はツァドクが祭司として重要な人物となる。列王記には、「王は、祭司ツァドクをエブヤタルの代わりとした」(列王記上二章三五節)とあるので、もとはエブヤタルが言わば「首席祭司」のような地位にいたのだろう。

さて、エブヤタル追放の記述には次のような箇所がある。

こうして、主がシロでエリの家について告げられたことが実現した。(列王記上二章二七節)

エリは、王国誕生前のシロの「聖なる場所」で仕えていた祭司であった。サムエル記上二章一二～一七節によれば、彼の二人の息子はならず者であったという。そのため、エリには、彼の子孫が苦しむという神からの宣告が下される。同時に神はエリの子孫の一人を神の「祭壇から断ち切らない」とも告げた(サムエル記上二章二七～三六節)。

エリの二人の息子は、箱が奪われたペリシテ人との戦いで命を落とす。死んだ息子のうちの一人には二人の息子、つまりエリにとっては孫になる人物がいた。そのうちの一人がアヒトブである(サムエル記上一四章三節)。したがってアヒトブの孫であるエブヤタルは、シロの祭司エリの末裔だったことになる。

エブヤタルの父アヒメレクは、逃亡中のダビデをかくまったかどで、台頭するダビデを敵視していたイスラエルの初代の王サウルから、一族もろとも祭司の町ノブで皆殺しにされた(サムエル記上二二章一一～一九節)。この難を一人逃れたのがエブヤタルで、彼は後にダビデによって祭司として召し抱えられたのである。ということは、記録が残っている中ではたった一人だけ生き残ったエリの子孫が、ソロモンの時代に追放されたことになる。これによってエリに下された預言が成就した、と列王記は記しているのである。

他方、ツァドクについては、先述したサムエル記下八章一七節で突如としてその名が言及され、ダビデに召し抱えられた経緯がまったく書かれていない。彼の出自についての唯一の情報は、ここにある「アヒトブの子」のみである。この「アヒトブの子」という情報の正確さも疑わしい。エブヤタルの方は何度も「アヒメレクの子エブヤタル」と言及されるのに、ツァドクはこの箇所以外では常に「ツァドク」と単独で言及されるからである。ツァドクの出自に関する情報の少なさは、ツァドクがその後ソロモンの王位継承において果たす重要な役割を考慮すると、あまりにも不自然に見える。それに、ツァドクがエブヤタルの祖父である「アヒトブの子」であるとしたなら、彼もまたエリの家系に属することになるので、エブヤタルを追放しただけではエリの子孫に関する預言が成就したとは言い難い。さらに、後述するようにツァドク系の祭司の後代における重要性を考慮に入れるならば、ツァドクの子孫こそサムエル記上二章三五節の預言で神が言及する「私の心と思いのとおりに行う忠実な祭司」に相当するものと思われる。預言によればエリの子孫はこの祭司に仕事を乞うことになるとされている（三六節）。ツァドクはダビデが征服する前からエルサレムの祭司だったのだ、といった説が出されているが、根拠が薄弱で憶測の域を出ない[23]。

筆者が最も説得力があると考えるのは、ツァドクはもともと、ダビデがエルサレムに都を構える前に本拠地としたヘブロンの祭司であったという説である[24]。ヘブロンの重要性については後述するとして、ツァドクの父親に話を戻そう。古代ギリシア語訳の同箇所では、「アヒメレク」ではなく「アビメレク」という人名に言及しており、おそらくこちらの方が古い伝承を保存していると考えられている。先ほど言及したシリア語に保存されている「アヒトブの子ツァドクとアヒメレクの子エブヤタル」は、したがって「アヒトブの子ツァドクとアビメレクの子エブヤタル」と復元できる。さらに、写本中の重字脱落によって、「アヒトブの子ツァドクとエブヤタル」となったと想定される[25]。重字脱落とは、写字の際、同じ文字が二つ（以上）あるために、一番目の文字の後にそれと同じ二番目の文字の次の文字を写してしまうことである。

日本語では次のような例が重字脱落に当たるだろう。「京都府京都市左京区吉田本町京都大学」を写した際、「京都府京区吉田本町京都大学」と書いたとする。これでは「京都市左」が抜けていることになるが、それは、二つ目の「京」を書いた後に、本来は「都市」と書き続けるべきところを、目が三つ目の「京」に移り、その後の「区」から書き進めてしまったことが原因である。日本語の場合、こうした写し間違いが少ないのは、これだけの長さの漢字を続けて書くことが少なく、しかも元来の文字数が多いためにその中に同じ字が複数回使われる可能性が低いこと、そして日本語はひらがなやカタカナを併用するため連続して漢字を書く場合、漢字の「塊」が突出して見え、その字数の多寡によって写し間違いがその場で明らかになりやすいことにあるのではないかと推測する。したがって、ひらがなかカタカナだけで文章を書く場合や、延々と漢字が続く漢訳仏典などを写経した場合は、重字脱落のリスクはより高くなるものと思われる。

「アヒトブの子ツァドクとアビメレクの子エブヤタル」の「アビ」と「エブ」は子音だけを書くヘブライ語においてはともにʼbと記す。そのために写本の際に重字脱落が生じ、「アヒトブの子ツァドクとエブヤタル」になった、という仮説である。

さらに、抜けてしまった「アビメレク」と「子」を後から誤って違う位置に挿入し、さらに誤植が生じた結果として今あるような「アヒトブの子ツァドクとエブヤタルの子アヒメレクは祭司」という形になったというのである。この復元が正しいとするならば、テクストはもともと「アヒトブの子ツァドクとアビメレクの子エブヤタル」であったことになる。これが仮説性の極めて高いテクストの復元であることは一目瞭然だが、今日少なからぬ研究者がこの仮説を受け入れている。それはすでに触れたように、そしてこの後さらに述べるように、ツァドクとエブヤタルが共にアヒトブの、したがってシロの祭司であったエリの子孫であっては辻褄が合わないことによる。

さて、列王記の南王国についての記述には、その後しばらく名前の挙がる祭司は登場しない。次に名が言及されるのは「ヨヤダ」という祭司で、ヨアシュという王の時代に活躍したことが記されている（列王記下一一～一二章）。次は列王記下一六章が言及するウリヤで、アハズ王時代の祭司である。そして次がヨシヤの時代の祭司ヒルキヤで、彼には初めて「大祭司」という表現が用いられる（列王記下二二～二三章）。列王記が王国時代最後の祭司として言及するのが「首席祭司セラヤ」と「次席祭司ツェファンヤ」である（列王記下二五章一八節）。彼らは他の主だった人々と一緒にバビロニア軍に捕らえられて殺されたという（列王記下二五章二一節）。こうしてみると、列王記が名を挙げて言及するエルサレムの祭司の数はほんの一握りしかいない。

アケメネス朝時代の祭司の系図

これら列王記などに名前の挙がっている王国時代のエルサレムの祭司たちを、アケメネス朝ペルシア時代にバビロニアからエルサレムに帰還した人々はどう自分たちと関係づけて捉えていたのだろうか。すでに触れたように、アケメネス朝時代には神殿と祭司を中心とした共同体がつくられた。人間のトップは世襲の王ではなく、祭司であった。この時代、血筋が祭司の資格として重要視された。「過去の物語」における重要人物との血縁が、自らの地位の正統性を主張する根拠となるのは古今東西、少なくとも前近代までにおいては共通している。それを「証明」するために利用されるのがテクストである。言うまでもなく、旧約聖書の一部のテクストもそうした「証明」に大いに貢献するべく執筆された。

歴代誌は、一般的にアケメネス朝時代に書かれたと考えられている。[26] そこには祭司の「系図」も載せられている。「系図」と言っても、実際は「図」ではなく、誰が誰の息子かという血縁関係を列挙する記述である。

まずは「大祭司の系図」を歴代誌上五章二七～四一節で追ってみよう。最初はレビから始まる。レビ、クハト、アムラム、アロン（モーセの兄弟）、エルアザル、ピネハス、アビシュア、ブキ、ウジ、ゼラフヤ、メラヨト、アマルヤ、アヒトブ、ツァドク（ダビデとソロモンの時代の祭司）、アヒマアツ、アザルヤ、コハナン、アザルヤ、アマルヤ、アヒトブ、ツァドク、シャルム、ヒルキヤ、アザルヤ、セラヤ、ヨツァダクである（アロンからアヒマアツまでは六章三五〜三八節と同じ）。ヨツァダクが捕囚として連行されたとあるので、王国が滅びた時の祭司セラヤはその父、コシヤ王の時の祭司ヒルキヤがセラヤの祖父ということになる。

歴代誌の記述においては、ダビデとソロモンの時代にエルサレムの祭司となったツァドクの子孫が王国時代の大祭司の職を独占したことが記されているのである。同じ時代を描く列王記の方にそうした記述はまったくないが、それは列王記筆者が祭司の家系にほとんど関心を持っていないのに対し、歴代誌家（歴代誌筆者のこと）はそれに多大な関心を寄せているからである。祭司だけではない。歴代誌家は系図に並々ならぬ関心を持っていた。

アケメネス朝時代になってバビロニアから帰還した彼らにとって、エルサレムとその周辺に居住する正当な理由は、かつて自分たちの祖先がそこに住んでいた、ということにあった。むしろそれぐらいしか正当化できる理由がなかったのである。彼らがバビロニアにいた間に、そこには別の人たちが住むようになってしまった。こうした人々に対して、自らの土地の所有権を主張するためには、いかに自分たちが「彼ら」にも知られている「共通の過去の物語」の登場人物の「正統な血筋」に連なるかを証明する必要があったのである。もしかするとこうした系図情報はこの時の必要から創作されたものかもしれないが、特に重要な家系の場合、ある程度の情報は伝承として大切に保存されていたと考えられる。筆者は、これらの系図情報は、基本的には伝承に基づくものの、ところどころは「正統な血筋」の主張のために創作されたり歪曲されたりしたものだろうと推測している。

バビロニアからの帰還後、初期の祭司として名前が挙がるのが、捕囚に連れて行かれたというヨツァダクの子のイエシュア（ヨシュアとも）である。[27] ハガイ書やゼカリヤ書の預言から、当時イエシュアに寄せられていた強い期待を読み取ることができる。

大祭司ヨツァダクの子ヨシュアよ、強くあれ。
この地のすべての民よ、強くあれ――主の仰《おお》せ。（ハガイ書二章四節）

イエシュアは、エルサレムに神殿を再建するために尽力したとされる。帰還民の間で指導力を保つだけでなく、捕囚されずにユダに残っていた住民たちからもその権威を認められるためには、王国時代の大祭司、とりわけツァドクやヒルキヤといった人物との血縁が重要視されたのだろう。

イエシュアの子の系統は、ヨアキム、エルヤシブ、ヨヤダ、ヨナタン、ヤドアまで記録されている（ネヘミヤ記一二章一〇～一一節）。仮にヨツァダクが捕囚時に二〇歳であったとし、それぞれ二五歳で系図に名の挙がっている息子を授かっているとすると、エルサレムに帰還したころのイエシュアは四〇代半ばから五〇代、ヤドアの誕生は紀元前五世紀に入った頃となる。こうした計算から、おそらく歴代誌およびエズラ記・ネヘミヤ記が記されたのは紀元前五世紀以降と想定できよう。その頃には祭司が共同体の中で圧倒的に重要な地位を占めていたため、その系図の作成は一大事であったことと思われる。

先に見た大祭司の系図には、同名の人物が少なくない。アマルヤ、アヒトブ、ツァドクはそれぞれ二名ずつ、アザルヤは三名いる。無論、祖父や先祖の名を生まれた子につけるという慣習はこの地域において一般的であったため、同名の人物が二名以上いることは不思議とまでは言えない。しかし、同じ南王国のダビデ王家には、まったく同じ名前で呼ばれる王は一組としていない。強いて挙げれば、似た名前はある。アハズヤ、アハズ、ヨアハズにはすべて「アハズ」という語が入り、かつアハズヤとヨアハズの場合は、神名ヤハウェの短縮形がその前後についているからである。鎌倉幕府の初代執権、北条時政の息子には宗時なる人物がおり、この人物の名を逆にすると八代執権時宗の名になるが、譬えるならばこのぐらいの違いである。むしろ個人を区別する意味もあって、王などは意図的に名前の表記を変えている可能性も考えられる。幕府の将軍家に似た名の人物は少なくないのに、全く同名の人物がいないのも同様の理由ではないだろうか。

しかし、歴代誌の大祭司の系図にはそういった工夫が見られない。大祭司の名前というものは決められた名前のプールから選ばなくてはならなかったのだと考えることもできるが、イエシュア以降、同名の祭司は、その先祖を遡っても一人もいないのだから、そうした習慣を想定することは必ずしも適当ではないだろう。また、ダビデ・ソロモン時代のツァドク以降ヨツァダクまでの間に、サムエル記や列王記の物語に名前の登場する祭司の名（アヒマアツ、アザルヤ、ヒルキヤ、セラヤ）を外すと、残るのはヨハナン、アマルヤ、シャルムだけになる。そうなると、系図の間隙を埋めるために、知られている祭司の名を複数回使った可能性もあながち否定できまい。

歴代誌には、大祭司以外にもさらに多くの祭司の系図が記されている。歴代誌上六章一～一四節には、レビの三人の息子ゲルション、ケハト、メラリがそれぞれ一族とされ、その系図が挙げられている。ここに挙げられている系図は部分的に出エジプト記六章一六～二五節に挙げられているアロンとモーセの系図と共通している。歴代誌上の系図は、アケメネス朝時代まで延長されていること、またここにしか言及されない名が多く挙げられていることなどから、出エジプト記やサムエル記などの系図情報、また旧約聖書には収められていない伝承を基盤としてさらに拡張されたものと考えてよいだろう。

アロン対モーセ

アロンの子孫が祭司として神から選ばれたことについてはすでに見た。アケメネス朝時代において彼らが特別な地位に就いていたことは歴代誌の次の記述から窺える。

アロンとその一族は、すべて神の僕モーセが命じたとおり、焼き尽くすいけにえの祭壇と香をたく祭壇の上で煙を立ち上らせ、至聖所のあらゆる仕事とイスラエルのための贖《あがな》いをした。（歴代誌上六章三四節）

これ以外のレビ人については、「詠唱の役目」（歴代誌上六章一六～一七節）あるいは「幕屋、すなわち神の家のあらゆる役目に割り当てられた」（六章三三節）とある。歴代誌上六章はダビデの時代のことを描いているもので、ダビデが王国時代の初期においてレビ人たちをこうした職に任命したという説明である。無論、このテクストが書かれたのはアケメネス朝時代であるので、同時代の神殿におけるレビ人の役割の正統性を、時代を遡って王朝の創始者であるダビデの権威に結びつけて説明しようとしているのである。ちなみに歴代誌の主要な資料であるサムエル記にも列王記にもレビ人が詠唱をする役目を負うとは一切書かれていない。

ところで、モーセの子孫についてはどうだろうか。モーセはアロンの兄弟で、出エジプトにおいて極めて重要な役割を果たし、神から十戒の書き記された板を与えられ、その後の指針となる律法を人々に伝えたとされる偉大な人物である。

すでに触れた、ミカの家の祭司になったレビ人のエピソードを記した士師記一七章の後日譚が、続く一八章で語られる。そこには、イスラエル十二部族の一つダン族がミカの家に押し入り、鋳像等を奪った物語が記されている。祭司はこの時、自ら喜んでダン族に従ったようである（一八章一九〜二〇節）。その後ダン族は北に自分たちの部族の名を冠した「ダン」という町を築いた。このエピソードは次の言葉で締めくくられている。

ダンの人々は自分たちのために彫像を立てた。また、モーセの子ゲルショムの子ヨナタンとその子孫が、この地の民が捕囚とされる日までダンの部族の祭司を務めた。（三〇節）

モーセの子孫について、旧約聖書は驚くほど寡黙である。モーセには二人の息子がいて、一人はゲルショム、もう一人がエリエゼルといった（出エジプト記二章二二節、一八章三〜四節）。士師記一八章に出て来る祭司は、一七章七節によれば、「ユダの氏族に属するベツレヘム出身の若者」で「レビ人」であり、「そこに寄留していた」とある。最後の「そこに寄留していた」という表現は、子音のみ記されているヘブライ語では「ゲルショム」とほぼ同じ綴りで、「ゲルショム」と読むこともできる。そう読む時、「彼はそこに寄留していた」は「彼はゲルショムであった」と訳すことすら可能である。一八章三〇節で、この若者の名が「モーセの子ゲルショムの子ヨナタン」と明かされていることから、ダンの祭司は代々モーセの息子の一人ゲルショムに連なる人々であったことが窺える。[28] 旧約聖書の「子」は時として「子孫」を意味する（例えば、「イスラエルの子ら」は「イスラエルの子孫」、すなわち「イスラエル人」を意味する）ので、ここでは必ずしも厳密にモーセの孫と捉えなくてもよいかもしれない。いずれにせよ士師記は、モーセの子孫が、「この地の民が捕囚とされる日まで」ダンの部族の祭司であったと記していることになる（一八章三〇節）。すでに見たように、列王記上一二章二六〜三三節によれば、ダンは北王国滅亡まで、王国の主要な「聖なる場所」であった。

偉大なるモーセの子孫は、その後の時代において重要な祭司職を担っても不思議はない。しかし要職を務めたアロンの家系の祭司とは異なり、モーセの子孫に言及しているのはアケメネス朝時代に書かれた歴代誌のみであり、そこでも他のレビ人と同じような扱いをされている。[29] 民数記三章一節では「アロンとモーセの系図は次のとおりである」と始まるが、続く二節以降語られるのはアロンの息子たちのみである。このようなモーセの子孫に関する記述の少なさには何らかの説明が求められる。

アロンの子孫は再三にわたって言及され、重要な祭司職を務めていたとされるが、同時に、出エジプト記やレビ記、民数記には、アロンを貶めるような記述も見出せる。出エジプト記には、モーセが神に会いに山に登っている間に、アロンが民に請われて金の子牛像をつくってしまうという大失敗をするくだりがある。

モーセが山からなかなか下りて来ないのを見て、民はアロンのもとに集まって言った。「さあ、私たちに先立って進む神々を私たちのために造ってください。私たちをエジプトの地から導き上った人、あのモーセがどうなったのか、分からないからです。」アロンは彼らに言った。「あなたがたの妻、息子、娘の金の耳輪を外し、私のところに持って来なさい。」すると民は皆、耳にある金の輪を外し、アロンのところに持って来た。アロンは彼らの手からそれを受け取り、のみで型を彫り、子牛の鋳像を造った。すると彼らは、「イスラエルよ、これがあなたの神だ。これがあなたをエジプトの地から導き上ったのだ」と言った。（出エジプト記三二章一～四節）

モーセが山から下り、子牛の像の前で踊ったり歌ったりしている民を見ると、彼はアロンを責めた。

それに対してアロンは次のように答えている。

わが主人よ、どうか怒りを燃やさないでください。この民が悪意に満ちていることは、あなたがご存じです。彼らは私に、「私たちに先立って進む神を造ってほしい。私たちをエジプトの地から導き上った人、あのモーセがどうなったのか、分からないからだ」と言いました。私が彼らに、「金を身に着けている者は外しなさい」と言うと、彼らは私に渡しました。それを火に投げ入れたら、この子牛が出て来たのです。（出エジプト記三二章二二〜二四節）

最後の部分は、いかにも今日の日本の政治家が言いそうな見え透いた嘘である。事実はどうであったにせよ、こうした記述には、アロンを否定的に描く意図が働いていることは疑う余地がない。この時モーセはレビ人に、「おのおのその剣を腰に帯び、宿営の門から門まで行き巡り、自分の兄弟、友人、隣人を殺せ」と命じている（出エジプト記三二章二七節）。ここでの「レビ人」は、部族としてのレビ人を指しているのではない。なぜならモーセはその後「今日、あなたがたはおのおの自分の息子や兄弟を犠牲にしても、主に仕える者になった。それゆえ、今日あなたがたに祝福が与えられる」と言っているからである（二九節）。ヤハウェに忠誠を尽くすためには、自らの家族や友人を手にかけることさえ厭わないモーセの支持者がここでは「レビ人」と呼ばれているのである。これもまた、ある意味レビ人の誕生譚とも言えるかもしれない。このエピソードは、アロン自身こそ罰せられないものの、アロンの支持者が悉く滅ぼされるなど、アロンに対する敵意すら感じさせる物語である。つまり、ここでは、モーセとレビ人に対するアロンとその支持者という対立の構図が確認できるのである。

レビ記にはアロンの息子たちの失敗も描かれている。

アロンの息子ナダブとアビフは自分の香炉を取って、火を入れて香をたき、命じられていない規定外の火を主の前に献げた。すると主の前から火が出し、彼らをなめ尽くし、彼らは主の前で死んだ。

（一〇章一～二節）

アロンの息子たちの失敗は、取りも直さずアロン自身の権威の失墜につながる。続く三節でモーセがアロンに「『私に近づく者によって、私が聖なる者であることを示し、民全体の前に栄光を現す』と主が言われたのは、このことであった」と告げると、アロンは「黙っていた」という。ここでもアロンに対するモーセの優越性が説かれているのである。

民数記一二章では、モーセの姉ミリアムとアロンが、モーセの権威を疑問視する。「モーセが妻にしたクシュ人の女のことで彼を非難」（一節）し、神は自分たちにも語ったのではないか、と発言した（二節）という。神はこれを聞いて怒り、ミリアムは突然肌が「雪のように白く」なる病にかかって宿営から七日間隔離された（一〇、一五節）。ここでもアロンは罰せられず、ミリアムのみが罰せられている。

このように、アロン（とミリアム）とモーセとの諍《いさか》いが描かれ、彼らに対するモーセの優越性が説かれるのは、アロンとモーセとの間というよりは、むしろアロンの子孫とモーセの子孫との間に確執があったからだと思われる。

しかし、前述のように、旧約聖書はモーセの子孫についてほとんど言及していない。そうであるならば、アロンに対するモーセの優越性を説こうとした「モーセの子孫」とは誰なのだろうか。しかも、アロンの子孫たちは、すでに見たように王国時代からアケメネス朝時代に至るまで、エルサレムの祭司としての特権を独占的に享受していたため、彼らの好敵手がこの時代にアロンを否定的に描くようなテクストを旧約聖書の書物のどこかに組み込むことは困難に思える。この問題はかなり以前から、研究者の間で議論の的となってきた。今日、多くの研究者は、モーセの子孫は、実は旧約聖書の中に「隠されて」記されていると見ている。[30]

王国時代以前における正統性をめぐる〈戦い〉

士師記一七〜一八章によれば、ダンの祭司となったヨナタンはモーセの孫であった。これ以外にも、どうやらモーセに連なる人々について、旧約聖書はひっそりと情報を提供しているようである。シロの祭司エリは、サムエル記上の冒頭に収められた物語に登場する。物語には、エリの祖先についてのはっきりとした情報こそないが、それを暗に仄めかす情報を見出すことができる。それは、「神の人」が現れてエリに告げた次の言葉の中においてである。

あなたの先祖がエジプトでファラオの家に仕えていたとき、あなたの先祖の家に私(＝ヤハウェ)は自らを現し、イスラエルのすべての部族の中からあなたの先祖を選んで祭司とし、私の祭壇に上って香をたかせ、私の前でエフォドを着けさせた。そしてイスラエルの人々の火による献げ物をすべてあなたの先祖の家に与えた。(サムエル記上二章二七〜二八節)

ここで「先祖」とされている人物に当てはまるのはモーセかアロンしかいない。祭司と言えばアロンが思い浮かぶが、「ファラオの家」を文字通りに解釈するなら、そこに住んだのは、赤子の時にファラオの王女に拾われてそこで育ったモーセをおいて他にはいない(出エジプト記二章一〜一〇節)。[31] エリの祖先は果たしてどちらなのだろうか。

出エジプト物語中の、より古い伝承に基づくとされる物語においては、アロンの役割はそれほど大きくなく、モーセこそが一貫して重要な役割を果たしていることが指摘されてきた。[32] それには祭司としての役割を含む。

例えば、モーセが死ぬ前にイスラエルの各部族に述べた祝福を記す申命記三三章八節では、「レビ」族について「あなたのトンミムとウリムをあなたに忠実な者に与えてください」と神に願っている。トンミムとウリムは祭司が用いる託宣の装置であることはすでに見た。さらにこれと並行する形で、「あなたはマサで彼を試みメリバの水のほとりで彼と争われた」とモーセは発言するが、これは出エジプト記一七章一〜七節の出来事に言及している。この物語では、出エジプト後に飲み水がないと不平を言う民に対して、モーセが神の指示に従い、岩を打って水を出す。そうであれば、申命記三三章八節の「彼」に該当する人物は出エジプト記の物語におけるモーセ以外に考えられない。したがって、この節で「レビ」もしくは「彼」として示されているのは、一義的にはモーセのことである。自分が自分に祝福を与えるのは奇妙であるから、ここでモーセは「レビ」と呼ばれる自分の子孫に祝福を与えていると考えられるのである。[33]

少なからぬ研究者は、こうした情報を総合して、エリの祖先はモーセに遡れるのではないかと考えている。推測に推測を重ねるような理論ではあるが、もしそうだとするならば、ダビデが王国時代初期に任命した二人の祭司のうちの一人で、ソロモンの時代に失脚したエブヤタルはエリの子孫であるから、モーセの子孫ということになる。[34] そしてそう考えるならば、サムエル記上二章三六節のエリへの預言で「あなたの家で残った者は皆、彼のもとに来てひれ伏し、銀一かけら、パン一切れを乞い、『一切れのパンでも食べられるように、どうか祭司の仕事の一つに就かせてください』と言うであろう」と言われているのがモーセの子孫を指していることになるだろう。

旧約聖書は複数の祭司の系図を収録しているが、それらは互いに少しずつ異なっている。[35] この中で古い、「公式」の系図と考えられるものは、レビ族にゲルション、ケハト、メラリの三つを数えるものである。同様に古い系図とみなされる民数記二六章の系図では、次の世代を、リブニ、ヘブロン、ムシ、コラとしている。[36] これらの系図に、かほど重要な家系であるアロンの家系が直接言及されていないことは注目に値する。アロンの家系を語るのはすでに見た歴代誌上五章二七〜四一節、六章三五〜三八節、エズラ記七章一〜五節など、遅い時代に作成されたもののみである。

そのため、多くの研究者は、アロンがもともとヘブロンの一族であったと考える。ヘブロンという人名はむしろ都市ヘブロンに由来するもので、元来地名であったものを系図の人名に使用していると考えた方がよい。ヨシュア記二一章一〇〜一一、一三節にも、アロンの一族にユダの都市ヘブロンが与えられたと記されている。[37] もしこの想定が正しいとするならば、アロンの一族はヘブロンの祭司の一族で、それがやがて勢力を強めていく過程で父祖であるアロンの重要性が高まり、モーセの物語の中でもその存在感を強めていったという可能性が考えられる。同時に、アロンとモーセを兄弟にしたり、系図を操作したりといったことも行われたに違いない。

他方、モーセの子孫は古い系図に名前の挙がるムシの一族として知られていたと考えられている。モーセ（mšh）とムシ（mwšy）とは名前の連関性が非常に高い。エリのいたシロも、ヨナタンのいたダンも、ともにムシ系の祭司が支配していたのだろう。

ただし、「一族」と言っても、必ずしも生物学的なものを当初は想定していなかったかもしれない。日本の寺でも、僧侶が本山などで一定期間研鑽を積んでその宗派の教理を究め、それを持ち帰って今度は地域での実践に活かすということが行われているようである。神社でも同様のことがあると漏れ聞く。また、ラーメン屋などでも、有名な店で修業した人が「暖簾分け」して、離れた所で「〇〇流」などと本家の名前を冠して店を出すことも少なくない。シロやダン、ベテルなどといった影響力のある「聖なる場所」で一定期間訓練と教育を受けた人物が、地方の聖所で祭司として働くことにより、自分たちの伝統の創始者（モーセやアロン）の伝承を各地へ広げていったことと思われる。特に祭司は一般の人々の教育の責任も担っていたため、彼らが地方へと携えていったモーセやアロンの伝承は、やがて多くの人々が伝え知ったことだろう。こうして、当初は血縁というよりは師弟関係という意味での「一族」が形成され、やがて祭司職が世襲制となると血縁がより重要視されていくというプロセスがあったのではないだろうか。

アロンの子孫がヘブロンの祭司であったことは、ダビデの王権が最初にヘブロンにおいて実現したことと関係して重要性を帯びてくる（サムエル記下二章二〜四節）。ここで登場するのが、先に触れた、ツァドクがもともとヘブロンのアロン系の祭司であったという説である。先述のように、ツァドクは突如としてサムエル記下八章一七節に、エブヤタルと並ぶダビデの祭司として言及される。ダビデが、自分の王権の正統性を強化するため、北の中央聖所であったシロの祭司の家系に属するエブヤタルと、南のユダのヘブロンの祭司ツァドクを共に祭司に任命したと考えると、ダビデの支配確立という政治力学の視点からも理に適っている。特にダビデ自身はユダ族の出身であるから、もともとユダのヘブロンとの関連が深かったと思われる。旧約聖書に情報はないものの、ダビデの即位当初からその王権を支持していたのがツァドクであったと考えると、彼にその後授与された重要な地位を説明しやすい。

しかし、このパワーバランスは、ソロモンの治世に崩れ去る。エブヤタルが追放され、ムシ系の力が宮廷から排除されると、それ以降、王国時代を通してアロン系のツァドクとその子孫たちがエルサレムの神殿で絶大な権力を握るようになった。ムシ系の人々はエブヤタルの追放地であるアナトトなど、地方の「聖なる場所」で祭司として働いたが、それらはエルサレムに祭儀を集中しようとしたヨシヤ王の

「改革」によって廃絶されてしまう。ムシ系の人々は「レビ人」と呼ばれ、エルサレムの神殿に招かれたのかもしれないが（申命記一八章六節）、そこで彼らを待ち受けていたのは、下級の神殿官吏としてアロン系の祭司に従属する立場に過ぎなかったのはすでに見た通りである。また、サムエル記上二章の預言でモーセの子孫たちが仕えるとされたのは、アロン系のツァドクの子孫ということになる。

出エジプト記やレビ記、民数記などに見られる、アロンとその係累を否定的に描き、モーセの優越性を示すような記述は、当然ながらアロンの、すなわちツァドクの子孫たちの手によるものではないだろう。これらの記述が基づく伝承はおそらく、王国成立以前にすでに広く人口に膾炙していたがゆえに、ツァドク系祭司たちの力をもってしても改竄することができなかったのではないだろうか。あるいは彼ら自身、すでに長らく伝えられていた伝承を、たとえ自分たちに都合が悪いものであっても保存することを選んだのかもしれない。

このように、二つの祭司の家系が王国時代初期まで競争関係にあったと想定すると、様々な疑問点がうまく説明できるように思える。それゆえ、これが現在まで優勢な説となっているのである。アロンに対する否定的なエピソードは、ムシ一族が支配していた「聖なる場所」で伝えられていたものだろう。特にシロは、ヤハウェの象徴であり、イスラエル諸部族連合の象徴でもある箱が置かれていたがために、王国時代以前には非常に大きな影響力を持っていたことが想像される。箱の上には「贖いの座」と呼ばれる、ヤハウェの王座がつくられ、そこには「ケルビム」という翼のある二つの生き物の意匠が取り付けられていた。[38] 他方、出エジプト記三二章でアロンがつくったとされる「子牛」は、列王記上一二章でヤロブアムがダンとベテルにつくらせたものを彷彿とさせる。おそらく王国時代より前のベテルには牛の像があり、そこでアロン系の祭司が仕えていたのだろう。

ダビデはエルサレムの神殿にモーセ系、アロン系の二人の祭司を置いたが、ヤロブアムは王国分裂後、北のダンにモーセ系、南のベテルにアロン系の祭司を置き、シロからエルサレムにもたらされた箱と贖いの座の代わりに、ベテルにあったような牛をヤハウェの象徴として用いたのだと思われる。ケルビムも牛も、共にヤハウェの臨在を象徴する動物だったのである。

エルサレムのツァドク系祭司同様、北王国においても、ダンやベテル、サマリアの祭司たちは、王家のバックアップを得て影響力を行使したことだろう。紀元前八世紀後半に活動したと言われる預言者ホセアは、ホセア書四章の中で、人々を教育する務めを果たさない北王国の祭司に対する痛烈な批判を展開しているが、こうした批判は、王の権力を背景とした祭司の絶大なる影響に喘ぐ地方祭司の葛藤を背景として生じたものかもしれない[39]。

民数記一二章において、アロンとミリアムがモーセのクシュ人の妻の件でモーセの資格に疑問を呈したことは、モーセの子孫たるムシの一族が「混血」と考えられていたことと関連するかもしれない。実際、モーセはパレスチナ南方にいたとされるミデヤン人女性ツィポラと結婚し、その父であり、ヤハウェの祭司であるエトロ（またはレウエル）およびその一族と密接な関係を持っていたことが、出エジプト記一八章、民数記一〇章二九〜三二節などに記されている。士師記一章一六節、四章一一節で「カイン人」[40]と記されるモーセの姻族は、南方のアラドや、北のケデシュといった都市に住み、そこでモーセの伝承を保存したと思われる。ムシの一族を形成していたのは、ミデヤン人、クシュ人、ケニ人といった多様な人々だったようである。結婚をめぐる〈戦い〉についてはⅦ章でとりあげる。

すでに紹介した民数記二五章の物語は、アロンの孫ピネハスが「永遠の祭司職」を受けるに至るエピソードだが、ピネハスがこの地位を得たのは、ミデヤン人の女と一緒にいたイスラエル人の男を彼が幕屋で刺し殺し、「ヤハウェの熱情」を示したことによった。その後ヤハウェはミデヤン人を攻撃するよう、モーセに命令するのである。この物語には全体としてモーセの権威を貶める働きがあることは疑いない。何しろ自分の妻の一族を、イスラエルに異教の崇拝をもたらしたかどで攻めるよう命令されるのだから、モーセとしては立つ瀬がない。これはアロンの子孫の手になる、ムシ族の権威を失墜させる物語と捉えてよいだろう。またこの物語は、やはりムシ族であるエリの二人の息子が、幕屋の入口で女と寝ていたというサムエル記上二章二二〜二五節のエピソードとよく似ている。同様のモチーフがムシ族を貶めるために用いられているものと理解できるだろう。

〈戦い〉の決着

アケメネス朝時代になると、ツァドク系、すなわちアロン系祭司の権威は揺るぎないものとなった。歴代誌上二三章一四節には「モーセは神の人であり、その子らはレビ族の者と呼ばれた」と記されている。モーセの子孫たち、すなわちムシ族は「レビ人」の中に含まれた形で言及されるようになるのである。民数記一六章において、アロンら祭司の権威にコラらが歯向かった物語が収められていたが、ここで罰せられるレビ人も、おそらくムシ族を表しているのだろう。

他方、申命記は、こうしたアロン系祭司の絶対的地位を認めていない。そこでは「アロンの子ら」の姿は前景化されず、常にレビ人の役割が強調される。そこに透けて見えるのは、祭司の地位をすべてのレビ人に平等に開くという意図である。[41] 先述の通り、申命記は紀元前七世紀のヨシヤの「改革」を進めるために編纂されたというのが今日の一般的な見解である。アッシリアが北王国を滅ぼし、南王国もその属国となった当時の状況において、それまでの固定化し、世襲化した祭司制度では新たな社会に対応するのに不十分と申命記編纂者は考えたのかもしれない。しかし、そうした試みは、「高き所の祭司」についての列王記の記述に見えるように、おそらく成功しなかった。やがてバビロニアにユダ王国が滅ぼされて以後は、むしろより一層、血縁を重視した「正統主義」が祭司制度と民族的アイデンティティの拠り所となっていったのである。
バビロニア捕囚時代に活動した預言者エゼキエルはツァドク系祭司の家の出身であった。彼の預言には、ツァドク系祭司のレビ人に対する優越性が強烈に表現されている。

イスラエルが迷ったときに私から離れ、偶像に従って私から迷い出たレビ人は、自分の過ちを負わなければならない。彼らは神殿の門衛として私の聖所で仕える者となり、神殿に仕える者となる。彼らは民のために焼き尽くすいけにえと会食のいけにえを屠り、民の前に立って、彼らに仕えなければならない。（中略）
彼らは、祭司として私に仕えるために私に近づくことはできない。また、私のすべての聖なるものにも、最も聖なるものにも近づくことはできない。彼らは自分の恥辱と自分が行った忌むべきことの責任を負わなければならない。私は彼らを神殿の務めを果たす者とし、神殿のあらゆる労働とそこで行われるすべての任務に当たらせる。
イスラエルの子らが私から迷い出たとき、私の聖所の務めを果たしたツァドクの子孫であるレビ人の祭司たちは、私に近づき、仕えることができる。彼らは脂肪と血を私に献げるために、私の前に立つことができる――主なる神の仰せ。彼らは私の聖所に入り、私の台に近づいて私に仕え、私の務めを果たす。（エゼキエル書四四章一〇～一六節）
これはツァドクの子孫である聖別された祭司たちのものである。イスラエルの子らが迷ったとき、彼らは私の務めを果たし、レビ人が迷ったようには迷わなかった。（エゼキエル書四八章一一節）

このようにエゼキエルは、レビ人は皆正統な祭司としての資格を満たすという申命記の主張をあからさまに退けている。神殿が破壊され、主だった祭司たちがバビロニアに連れて行かれた後、エルサレムにおける祭儀は、空間的空白と権力の空白の両方によって、それまでの周期的なサイクルを維持することが困難となった。エゼキエルは、祭司がそれまで重視してきた伝統、すなわち、聖性の維持、伝統的知恵、正義、清浄などを強調し、失われた神殿の代替物を提供しようとしたのであろう。社会的混乱の中で「伝統」によって秩序を安定させようという意図があったのだと思われる。[42]

こうした祭司とレビ人との「差」は、空間によっても示される。エゼキエル書四五章では、預言者エゼキエルが見た「新しいエルサレム」の幻が語られるが、そこで人々に分配された土地についても、「最も聖なる場所」が祭司に割り当てられ、次にレビ人が、そして町や指導者がそれぞれ割当を受けている（一～八節）。また神殿に入ることができるのは「ツァドクの子孫であるレビ人の祭司」のみとされている（四四章一五節）。

こうした規則は、「聖と俗」の間に明確な区別を設け、「聖」の希少価値を保持するためにつくられた。同時に、ツァドク系の祭司たちを頂点とする階層的構造をも創出し、レビ人をその下に置いて、このヒエラルキーを保持しようとしたのである。

他方、ユダに残された人々も、祭儀と全く無関係に過ごしたわけではなかった。ツァドク系の祭司に代わって彼らの祭儀を担うようになったのは、バビロニアに連行されなかった祭司たちであった。おそらく、アロン系の祭司ではなく、地方のレビ人、すなわちムシ系の人々であったことと思われる。未曾有の喪失を嘆く彼らの声は、哀歌や詩編の一部、ネヘミヤ記九章などの「嘆き」のテクストに反映されている。そこには、嘆きのみではなく、未来への希望も同時に語られている。こうして、バビロニアとユダの二つの共同体は、異なる背景を持ちつつも、共にこの時代の人々の畏れや嘆きを代表するテクストを生み出していったのである。[43]

アケメネス朝時代になると、バビロニアから帰還した人々と、ユダの地に残された人々の子孫たちの間で衝突が生じた。新たな社会においては血縁が再び重視され、王国時代に遡る血筋を誇る祭司たちが再び幅を利かせるようになったのである。ツァドク系祭司が頂点に立ち、その下にそれ以外のアロン系の祭司たちが、そしてその下にそれ以外のレビ人が神殿官吏となるというヒエラルキーが最終的に完成したのはこの時代のことであった。この時代に自らの血筋を証明できなかった祭司についてはエズラ記に次のような記述がある。

ホバヤ、ハコツ、バルジライの一族は、自分たちの系図が書かれたものを捜したが見つからず、祭司職を剝奪された。（エズラ記二章六二節[44]）

すでに触れたように、アケメネス朝時代に成立した歴代誌において、レビ人は祭司を補助する役割として描かれている。[45]歴代誌上二五〜二六章では、詠唱者や門衛、宝物庫の管理者といった、アケメネス朝時代の神殿におけるレビ人の職の分化が詳しく描かれる。また、王国時代に活動したとされる、非常に多くの祭司やレビ人の名に言及する。[46]これらの情報の多くは、歴代誌家が活動したアケメネス朝時代末期の現実を過去に投影しようとするために創作されたものと見られている。そのねらいは、現在の、つまり歴代誌成立当時の祭司やレビ人が、ダビデの時代から連綿と神殿（当初は幕屋）で奉仕してきた家系に連なることを示すことにあったと見てよいだろう。

ところで、歴代誌の記述によれば、いけにえとなる犠牲獣の皮剝ぎは本来祭司の職分であったが、身を清めたレビ人もそれに従事したとある。

祭司が少なく、焼き尽くすいけにえすべての皮を剝ぐことができなかった。そこで、その作業が終わるまで、また他《た》の祭司たちが身を清めるまで、彼らの兄弟であるレビ人が彼らを助けた。レビ人は、祭司たちよりも誠実に、身を清めていたからである。（歴代誌下二九章三四節[47]）

この記述は、レビ人が犠牲獣の皮を剝ぐことについてアケメネス朝時代に議論があったことを反映しているのだろう。こうした詳細が記されるのは、祭儀とその実践に関して歴代誌家が並々ならぬ関心を抱いているからに他ならない。同時に、祭儀がアケメネス朝時代のエルサレムにおいて非常に重要であったことをも示している。そしてその祭儀を一手に牛耳っていたのが、ツァドク系祭司を頂点とする祭司階級だったのである。

このように祭司の正統性をめぐる〈戦い〉は、旧約聖書のテクストの広範囲において繰り広げられている。この事実は、いかに祭司職が社会にとって重要であったのかを示していると言えよう。

食肉をめぐる〈戦い〉

最後に、祭司の重要な務めであった祭儀の一側面について見てみよう。

ヨシヤ王時代の地方の「聖なる場所」の廃止とレビ人のエルサレムへの呼び寄せは、単に祭儀の集中以外にも、人々の生活に大きな変化をもたらした可能性がある。

古代の西アジアにおいて、肉は貴重なタンパク源であり、またそれを食べることは日々の楽しみでもあった。民数記一一章四節によれば、出エジプトを果たしたイスラエルの人々はモーセに、「誰が私たちに肉を食べさせてくれるのだろうか」と泣いて訴えたという。肉はかくも重要な食物であった。

そのような地域において、祭儀と切っても切れない関係にあったのが犠牲であった。前述のように、犠牲は燃やされ、立ち上るその煙を天の神が嗅ぐ、と古代の人々は想像したのである。「焼き尽くすいけにえ」と聖書協会共同訳で訳されている単語は、文字通りには「上るもの」を意味している。ちなみにこの語のギリシア語訳は「ホロコースト」である。レビ記一～七章には、「アロンの子ら」と言われる祭司たちが、どのような犠牲をどのように献げるべきかについて、細かい規定が記されている。「焼き尽くすいけにえ」の他に、「会食のいけにえ」というものもあった(レビ記三章)。これらは、血と脂肪を除いて、あとは献げる人々が食べることができた。旧約聖書にしたがえば、家畜の屠殺は神に犠牲を献げる時のみ許された。

主はモーセに告げられた。「アロンとその子ら、およびすべてのイスラエルの人々に告げなさい。これは主が命じられたことである。イスラエルの家に属する者が牛、羊、あるいは山羊を宿営の内、あるいは宿営の外で屠り、主への献げ物とするために、主の住まいの前、会見の幕屋の入り口に引いて来なければ、その者には血の責任が問われる。血を流したからである。その者は民の中から絶たれる。それゆえ、イスラエルの人々は従来、野原で屠っていたいけにえを携えて来なければならない。すなわち、主のもと、会見の幕屋の入り口にいる祭司のもとに携えて来て、主への会食のいけにえとしなければならない。祭司はその血を会見の幕屋の入り口にある主の祭壇に打ちかけ、脂肪を主への宥めの香りとして焼いて煙にする。(中略)肉なるものの命、それは血にある。私はあなたがたの命の贖いをするために、祭壇でそれをあなたがたに与えた。血が命に代わって贖うのである。」(レビ記一七章一～一一節)

この記述によれば、この掟を犯した者は死をもって罰せられたという。サムエル記には、ペリシテ人に勝利して疲れていたイスラエルの兵が「戦利品に飛びかかり、羊、牛、子牛を捕らえて地面で屠り、血の付いたままで食べた」（サムエル記上一四章三二節）ことを罪として描いている。これを知った王サウルは、即席の祭壇をこしらえ、そこまで動物を引いてこさせ、そこで屠って食べるよう命じて、兵が罪を犯すことがないようにしたとされる。

こうした律法が本当に守られていたとするならば、少なくとも守らせようとしたのならば、祭壇が集落から遠く離れたところにあったのでは、年に何度かの祭の時にしか人々は肉にありつけなくなってしまうだろう。そのため、この律法が作成された時代には、人々の身近なところに「聖なる場所」が存在していることが前提となっていたと考えられる。物語の上では、その「聖なる場所」は「会見の幕屋」、すなわち、荒野を彷徨っている時代にはたった一つの「聖なる場所」とされた、ヤハウェの箱が置かれた天幕であった。

しかし前述のように、実際にはパレスチナにおいて、各地域にそれぞれの部族もしくは氏族ごとの、超部族的・超氏族的な、あるいは地域の「聖なる場所」があったはずである。そこには祭壇があり、人々は日常的に家畜を屠って食べることが十分可能であっただろう。

しかし、ヨシヤ王の「改革」により、地方の「聖なる場所」が廃止されると、人々の食生活にも大きな変更がもたらされた。今や唯一の「聖なる場所」は、エルサレムのヤハウェ神殿のみとなったのである。いかに小国とはいえ、エルサレムはすべての住民が日常的に足を運べる距離にはない。神が肉の焼かれる香りを好むと想像する人々にとって、肉を長期にわたって食べられない生活はさぞや苦しいものとなったであろう。特定の野生の動物は祭壇に持って行かなくても食べることが許されていたが、都市の居住者にとって、それらは日常的に手に入る獲物ではなかったはずである。

ここで、次の記述に注目されたい。申命記は、「約束の地」に入る前の人々に次のような神の命令を伝えるのである。

あなたは自分のよいと思う場所で、焼き尽くすいけにえを献げないように気をつけなさい。ただ、主があなたの一つの部族の中に選ばれる場所で、焼き尽くすいけにえを献げ、私が命じることをすべて行いなさい。しかし、あなたの神、主が与えられる祝福に従って、どの町においても、あなたは心行くまで屠って、肉を食べることができる。清くない者も清い者も、ガゼルや鹿と同じようにその肉を食べることができる。（申命記一二章一三～一五節）

あなたの神、主があなたに告げられたとおり、あなたの領土を大きくされるとき、あなたが心行くまで肉が食べたいと思うなら、食べたいだけ肉を食べることができる。あなたの神、主がその名を置くために選ぶ場所が遠く離れているなら、私があなたに命じたように、主が与えられた牛や羊を屠り、自分の町で、心行くまで食べることができる。ガゼルや鹿の肉を食べるのと同じようにその肉を食べてよい。（同二〇～二二節）

一般の人々にとって、身近な「聖なる場所」の廃止は、とりもなおさず、肉断ちの命令を意味した。しかしそれに続き、どこでも動物を屠って食べてよい、と告げられた彼らはおそらく安堵したことだろう。「あなたが心行くまで肉が食べたいと思うなら、食べたいだけ肉を食べることができる」などという表現からは、この命令を聞く人々の顔が明るく輝く様を思い浮かべることさえできる。この記述は明らかに、神にいけにえを献げることではなく、肉を食べることに焦点を合わせた記述である。つまり、祭儀の集中という鞭の政策は、どこでも屠殺して肉を食べてよいという飴とセットで実施された「抱き合わせ政策」だったのである。

祭壇での屠殺を命じる一九章を含むレビ記一七～二六章は一般に「神聖法典」と呼ばれる。その成立年代については諸説あるが、申命記の律法のそれより遅く設定されることも少なくない。[48] 仮に、神聖法典がアケメネス朝時代に成立したとすると、当時の共同体がいくら小さく、エルサレム周辺に限定されていたとしても、人々が肉を食べるために毎回エルサレムの神殿に行っていたと考えるのは難しいように思う。アケメネス朝時代の一般の人々はそれほど肉を口にする機会はなかったのだろうか。

肉食を好み、肉が食べられないと嘆くような人々が、「神聖法典」にあるような仕方でしか肉を食べられないとしたらさぞ不自由だっただろうと想像される。他に何か逃げ道があったのか、あるいは単に理想を語っているものだったのか、その辺りは定かではない。いずれにせよ、これらのテクストからは、何が何でも肉を食べたいという当時の人々の必死な思いが浮かび上がってくる。筆者の目には、ここに挙げたテクストが、肉を食べたい人々が何とかその欲望を満たそうと展開したテクスト上の〈戦い〉に映るのである。

VI 「神の言葉」をめぐる〈戦い〉——預言者対祭司・書記

旧約聖書の預言者

旧約聖書には数多くの預言者が登場する。彼らは「預言者」の他、「神の人」、「先見者」、「予見者」などという呼称で言及される。近年、日本語では「予言者」ではなく、「預言者」と書くことが多い。それは、「預言者」と呼ばれる人々の主たる役割が、これから生じることを「予め語る」ことではなく、神から「預かった言葉」を語ることにあるからである。

ヘブライ語で預言者を表す「ナービー」という語の語源は不明であるが、彼らの役割を分析すると、「ナービー」が神々に代わって発言する人物、すなわち「代弁者」を意味していることがわかる。ギリシア語訳では「プロフェーテース」だが、こちらは「前に語る」という意味の語で、「予言する者」という意味にもなれば、「代弁者」という意味にもなり得る。要するに、旧約聖書における「預言者」とは、ホワイトハウス報道官や内閣官房長官など、大統領や首相のスポークスパーソンのような存在なのである。

わざわざ人を介さずに、神が直接人間に語ればよいではないか、と思われるかもしれない。確かに、神が人々に直接語りかけた方が説得力も増すだろう。実際、『イーリアス』や『オデュッセイア』などにおいてギリシアの神々は、人間の姿を取り、直接人間に話しかけることがある。

しかし、旧約聖書において、神は大変畏れ多い存在である。神自身が次のように言ったとされる。

あなたは私の顔を見ることはできない。人は私を見て、なお生きていることはできないからである。
（出エジプト記三三章二〇節）

人が神と直接会見するなら、その人は死んでしまうというのである。また、その声を聞くことすら、人に死を与えるものだという記述もある。

山は火に包まれ、あなたがたが闇の中からの声を聞いたとき、部族の頭《かしら》たちも長老たちも皆私（モーセ）に近づいて来て、言った。「ああ、私たちの神、主は、その栄光と偉大さを示され、私たちは火の中から御声《みこえ》を聞きました。今日、神が人と語られ、それでも人が生きているのを見ました。しかし、今どうして私たちが死ななければならないのでしょうか。（中略）もしこれ以上、私たちの神、主の声を聞くならば、私たちは死んでしまいます。すべての肉なる者のうちで、誰が、火の中から語りかける、生ける神の声を、私たちと同じように聞いて、なお生きていられるでしょう」。
（申命記五章二三〜二五節）

稀に、普通の人が神を見て生き長らえるという場面も描かれているが[1]、そこでは彼らが見たのは神の「使い」、すなわち「天使」であって神自身ではないという説明がなされる。しかし、例えば創世記三二章の物語は、ヤコブが「イスラエル」と名付けられた命名譚であり、ヤコブが出遭った人物が神でなければ辻褄が合わない筋となっている。現に、ヤコブをイスラエルと名付けた人物は「あなたは神と闘い

（中略）勝ったからだ」（二九節）と自分が神であることを示唆している。

また、サラとアブラハムのもとにヤハウェが現れる創世記一八章一～一六節の物語では、現れた「人物」は「主」とあったり、「三人の人」とあったりと曖昧にされている。

こうした例を考えると、これらの物語の古い伝承は、絶対的なヤハウェというよりは、より人間的な神と人との遭遇にまつわるエピソードだったのかもしれない。やがて、神の権威が増し、神へのアクセスが一部の人間に限定されていく過程で、「神」から「神の人」あるいは「使い」に変更されたと考えてよいだろう。こうした変更が生じたのは、誰でも容易に神にアクセスできては困る人々が存在するようになったからである。一般の人が神にアクセスできないという記述は、神にアクセスできる人々の権威と権利を守るためにも機能した。

例外は出エジプト記二四章一一節で、ここではは［っ］きりと「神はイスラエルの人々の指導者たちを手にかけなかったので、彼らは神を見つめて、食べ、また飲むことができた」と記されている。

通常の人間は神を見て生き長らえることはできないわけだが、例外とされる人もいた。先ほども見た場面の続く部分で、人々はモーセに対して次のように訴えている。

「すべての肉なる者のうちで、誰が、火の中から語りかける、生ける神の声を、私たちと同じように聞いて、なお生きていられるでしょう。どうかあなたがそばに行き、私たちの神、主が言われることをすべて聞いて来てください。そして、私たちの神、主があなたに語られたことをすべて私たちに語ってください。そうすれば、私たちはそれを聞いて、行います。」（申命記五章二六～二七節）

申命記はこうして、神の「代弁者」、すなわち「預言者」が誕生したのだと説明する。これがモーセであった。

預言者の資格

祭司になることができたのはどのような人であったのか、その資格についてはすでに見た。当初は誰でもなれた祭司であったが、レビ人と呼ばれる人々がより適格とみなされ、後にはアロンの子孫のみが祭司職に就くことができるようになったようである。

それでは預言者についてはどうだろうか。実は、モーセだけではなく、アロンやミリアムも「預言者」と呼ばれている箇所がある。

そこで、主はモーセに言われた。「見よ、私はあなたをファラオに対して神とし、兄のアロンはあなたの預言者となる。」（出エジプト記七章一節）

アロンの姉である女預言者ミリアムがタンバリンを手に取ると、女たちも皆タンバリンを持ち、踊りながら彼女に続いて出て来た。（出エジプト記一五章二〇節）

ミリアム、アロン、モーセという兄弟姉妹三人が預言者ということになれば、やはり血筋が重要視されるのであろうか。どうもそうではないようである。次の記述を見てみよう。

主は雲の内にあって降り、モーセに語りかけ、モーセの上にある霊の一部を取って、七十人の長老に分け与えられた。霊が彼らの上にとどまると、彼らは一時の間だけ預言者のようになった。この時、二人の者が宿営に残っていた。一人はエルダド、もう一人はメダドと言い、名を記された人であったが、幕屋に出かけていなかった。この二人の上にも霊がとどまり、宿営で預言者のようになった。モーセのところに若者が走って来て、「エルダドとメダドが宿営で預言者のようになっています」と告げると、(中略) モーセは言った。「あなたは私のために妬みを起こしているのか。私はむしろ、主の民すべてが預言者になり、主がご自身の霊を彼らの上に与えてくだされればよいと望んでいるのだ。」(民数記一一章二五～二九節)

ここには、「七十人の長老」が一時的に「預言者のようになった」と記されている。そして、そこには「主の霊」が関係しているとされる。つまり、ヤハウェの霊がある人物に臨むと、その人間は「預言者のように」なる、というのである。次の描写を見てみよう。

彼らがギブアにやって来ると、預言者の一団に出会った。すると神の霊が彼に激しく降り、サウルは彼らのただ中で預言者のようになった。以前からサウルを知っていた者は皆、彼が預言者たちと一緒になって預言しているのを見て、言い合った。「キシュの息子は一体どうしたのだ。サウルもこの預言者たちの仲間なのか。」(中略) サウルは預言する状態からさめると、高き所へ行った。(サムエル記上一〇章一〇～一三節)

サウルはダビデを捕らえようと使者を遣わした。彼らは預言者の一団が預言しているのに出会った。サムエルがその先頭に立っていた。その時神の霊がサウルの使者に降り、彼らもまた預言者のようになった。(中略) それでサウルはラマのナヨトに向かった。神の霊は彼の上にも降り、彼は預言しながらラマのナヨトまで歩き続けた。彼もまた衣服を脱ぎ捨て、サムエルの前で預言者のようになった。そうして、丸一昼夜、裸のまま倒れていた。このため、「サウルもこの預言者たちの仲間なのか」と言われるようになった。（サムエル記上一九章二〇〜二四節）

王サウルも、またサウルの使者も、ヤハウエの霊によって「預言者のように」なったという。しかもサウルは「預言者たちと一緒になって預言している」、「預言しながら歩き続けた」と記されている。神の霊さえ臨めば、誰でも「預言者のようになる」ということである。では、この「預言者のようになる」とは一体どういうことを指すのだろうか。次の記述から、ヒントを探ってみよう。

その後、ペリシテ人の守備隊がいるギブア・エロヒムに向かいなさい。町に入ると、竪琴《たてごと》、タンバリン、笛、琴を持った人々を先頭にして、高き所から下って来る預言者の一団に出会います。彼らは預言する状態になっています。（サムエル記上一〇章五節）

どうやら、「預言者のようになる」というのは「預言する状態になる」ということと同義のようである。これらの例においては、「預言する」とあってもその内容が記されていないため、神から何らかのメッセージを預かってそれを告げた、ということではなさそうである。

以上の情報から、ある種の恍惚状態に陥ることをここでは「預言者のようになる」と表現していることが想像される。引用したサムエル記上一〇章には楽器を持った人々が預言者の一団と共にいるため、音楽が預言と関係しているらしいことが窺える。

預言者エリシャは、イスラエルの王から神託を求められた時、音楽を演奏するよう王に命じている。

そして、「弦を奏でる者がやって来て演奏すると、主の手がエリシャの上に差し伸べられた」と記述される（列王記下三章一五節）。おそらくは預言者たちは、音楽によってトランス状態に陥り、預言をしたのだろう。

　南王国領内のアラドという遺跡から王国時代の祭壇が出土している。最新の研究によれば、祭壇の上部から、大麻を燃やした痕跡が確認できたという。[2] 大麻の検出をもって直ちに、預言者たちが恍惚状態になるのに大麻が使われたと考えてよいわけではないが、少なくとも、当時の人々が大麻を入手し、使用できたことは確実である。その煙を吸った人が、恍惚状態になることもあったかもしれない。

　いずれにせよ、恍惚状態に陥ることができれば「預言者のようになる」ことができたわけだが、それは「預言者になる」こととは異なる。預言者になった人物の例としてサムエルを取り上げてみよう。サムエルは少年時代から、シロの祭司エリの下で神に仕えていた。

> 少年サムエルはエリのもとで主に仕えていた。（中略）ある日、エリは自分の部屋で床に就いていた。（中略）神の灯《ともしび》は消えておらず、サムエルは神の箱が安置された主の宮で寝ていた。主がサムエルを呼ぶと、サムエルは、「ここにいます」と言って、エリのもとに走って行き、「お呼びになったので参りました」と言った。しかしエリは、「私は呼んではいない。戻って休みなさい」と言ったので、サムエルは戻って休んだ。
>
> 　主は再びサムエルを呼ばれた。サムエルは起きてエリのもとに行き、「お呼びになったので参りました」と言った。エリは、「私は呼んではいない。わが子よ、戻って休みなさい」と言った。サムエルはまだ主を知らず、主の言葉はまだ彼に示されていなかった。主は三度《みたび》サムエルを呼ばれた。サムエルは起きてエリのもとに行き、「お呼びになったので参りました」と言った。エリは、少年

を呼ばれたのは主であると悟り、サムエルに言った。「戻って休みなさい。もしまた呼びかけられたら、『主よ、お話しください。僕は聞いております』と言いなさい。」サムエルは戻って元の場所で寝た。（サムエル記上三章一〜九節）

こうして少年サムエルは預言者となったのである。最初に与えられた預言は、サムエルの主人であるエリの家に災いが生じるというものだった（サムエル記上三章一〇〜一四節）。やがて成人したサムエルは「信頼するに足る主の預言者である」ことを人々に認められたという（サムエル記上三章二〇節）。

つまり、預言者は神からの呼びかけに応じることによって預言者となったのである。これを「召命」という。普通は、その際に神から何らかの任務を与えられる。召命には、サムエルのように神の声が聞こえる場合と、幻を見る場合とがあったようである。燃える柴の間からヤハウェの声を聞いたモーセの場合は前者である（出エジプト記三章）。多くの預言者は、突如として神の声が聞こえてくるようで（エレミヤ書一章四節）、エゼキエルのように幻を見る例は少ない（エゼキエル書一章一節、イザヤ書六章一節）。幻の場合は解釈が必要となり、より難解な預言の内容となる。

預言者となるのに血筋が重要ではなかったことは、預言者アモスの次の言葉に示されている。

私は預言者ではなく、預言者の弟子でもない。私は家畜を飼い、いちじく桑《ぐわ》を栽培する者だ。主が羊の群れを追っている私を取り、「行って、わが民イスラエルに預言せよ」と私に言われた。

（アモス書七章一四〜一五節）

アモスはここで、自分は預言者でも預言者の弟子でもない、ただ神から預言するよう命じられただけだ、と述べている。つまり、神からの召命のみが預言者となる必要十分条件だったということであろう。無論、ある人物が本当に神からの召命を受けたかどうかは、ほとんど証明するすべがなく、人々がその人物が預言者であることを信じるかどうかにかかっていた。言い換えれば、多くの人がある人物を預言者だと思えば、その人物は預言者として認められたということになろう。

預言者は、時に神の使信を伝える以上のことを行った。サムエル記上九章によれば、サムエルは失われたものを見つけ出すことができた（そこでは「先見者」と呼ばれる）。また、サウルとダビデに油を注ぐことによって、王として任命もしている（サムエル記上一〇、一六章）。

列王記上一七章から列王記下一三章にかけて描かれるエリヤやエリシャのように、一部の預言者は奇跡をも行ったとされる。彼らは死者さえ蘇らせることができたという。[3] 彼らには王も一目置いており、王がエリシャを、身分が下の者が上の者に語りかける際の尊称である「父」を用いて呼ぶ場面もある（列王記下二章一二節）。預言者たちの影響力は時の権力者にも及ぶほどの大きなものであったことが窺える。

古代西アジアにおける預言者

古代西アジアでは多くの預言者が活動していた。紀元前一八世紀に、ユーフラテス川中流域で栄えたマリという都市国家の遺跡から大量の粘土板文書が出土している。その中には、マリにおける預言者の活動を示唆する資料もあった。[4]

これらの文書によれば、マリでは男女の預言者が活動していたようである。預言者の中には、恍惚状態になって預言する者、夢の中で啓示を受ける者などがいた。多くの預言者は神殿で神からの啓示を受けていたようである。これらの文書は王室の文書庫から出土しているため、記録されている預言の内容も主として王の関心事であった。

古代西アジアの預言者に関するもう一つ重要な史料は、紀元前七世紀のアッシリアの文書庫に由来する、やはり粘土板文書群である。こちらも王の文書庫から出土しており、王の関心事を扱うものが大半であった。

これらの文書によれば、王はしばしば、とりわけ何らかの危機的状況下において、特定の事柄についての預言、つまり神託を求めたようである。それに対する典型的な預言は、神からの保証の言葉であった。「アルベラのイシュタルの言葉」とか「アルベラのイシュタルは言った」などで始まるこうした預言は、旧約聖書の預言者たちによるヤハウェの預言の語り始めとよく似ている。例えば、預言者イザヤは、アッシリアにエルサレムを攻囲されたユダの王ヒゼキヤに次のように言っている。

主はこう言われる。アッシリアの王の家臣たちが私を冒瀆する言葉を聞いても、恐れるな。（列王記下一九章六節）

預言者はこのように「主はこう言われる」と告げてから、本題であるヤハウェの使信を人々に伝えたのである。イザヤが用いる「恐れるな」という言葉も、アッシリアの預言文書に見出すことができる。アッシリアにおいて預言が書写され保存されたことは注目に値する。一つ一つの預言は、ある特定の状況下で発せられたものであるのに、それが将来、別の状況で成就する可能性があると考えられたのかもしれない。イザヤ書に始まる、預言者の名を題目に関した旧約聖書の「預言書」もまた、後代に集められた預言の集成である。

預言者の活動の場

これら古代西アジアの文字史料から明らかなように、南北両王国の宮廷にも、それぞれ王のために預言をする預言者たちがいた。そうした預言者たちは、ある種の「預言者組合」もしくは「預言者集団」に属していたようである。「預言者ギルド」と言ってもよいかもしれない。預言者が重要な役割を果たす次のエピソードを読んでみよう。北王国の王と南王国の王ヨシャファトとが、戦争に行くべきか否かを決断する場面である。

イスラエルの王は（中略）ヨシャファトに、「私と一緒にラモト・ギルアドへ戦いに行っていただけませんか」と呼びかけた。（中略）ヨシャファトはイスラエルの王に、「どうかまず主の言葉を伺ってみてください」と言った。

そこでイスラエルの王は、約四百人の預言者を集め、「私はラモト・ギルアドに戦いに行くべきだろうか、それともやめるべきだろうか」と尋ねた。彼らは、「攻め上ってください。主がこれを王の手に渡されるでしょう」と答えた。（列王記上二二章三～六節）

古代西アジアや古代ギリシアでは、戦争前など重要な局面では必ず神託を伺った。預言者はしばしば国家的な危機の前に現れているが、それは人々が、未来に、すなわち神が自分たちをどうするのかに関心があったことの表れでもある。この記述によれば、北イスラエルには約四〇〇人の預言者がいたことになる。他の箇所でも、ヤハウェの預言者ではないが、数百の預言者がいたとされているので（列王記上一八章一九、二二節）、仮に数字自体が誇張であるとしても、当時の王国内にいた預言者は数人規模などではなかっただろう。預言者はベテルやエリコなど、各都市にいたらしいことも列王記の記述から窺える（列王記下二章三、五、七節）。

この物語が言及するような預言者は職業預言者で、王宮が彼らを財政的に支えていた官僚であったから、王の意向を「忖度」して預言するということもあっただろう。この物語における預言は、そのような「忖度」の預言である。先ほどの続きを見てみよう。

ヨシャファトが、「ここには、私たちが主に伺いを立てることのできる預言者は、ほかにいないのですか」と尋ねると、イスラエルの王はヨシャファトに答えた。「もう一人、主に伺いを立てることのできる者がいます。しかし、私は彼を憎んでいます。彼は私について良いことは預言せず、悪いことばかりを預言するからです。イムラの子ミカヤと言う者です。」ヨシャファトが、「王様、そんなことを言ってはいけません」と言うと、イスラエルの王は一人の役人を呼び出し、「イムラの子ミカヤを急いで連れて来い」と命じた。（中略）

ミカヤを呼びに行った使いの者は、彼にこう告げた。「預言者たちは口をそろえて王にとって良いと思われることを告げています。どうかあなたも、彼らの一人が言うように、良いと思われることを告げてください。」（列王記上二二章七〜一三節）

預言者ミカヤはここで、他の預言者たちと口裏を合わせるよう同調圧力をかけられているのである。王が戦いに行きたいことは、二二章三節の「お前たちは、ラモト・ギルアドが我らのものであることを知っているだろう。それなのに、我々はアラムの王の手からそれを取り返そうともしないでいる」などという家臣への発言から明らかである。そのため、王の不興を買うのを恐れた預言者たちは、敢えて不吉な預言を口にしなかった。王国時代には、こういった官僚としての「宮廷預言者」は数多くいただろう。

他方、個人で活動する「一匹狼型」の預言者もいた。列王記に登場するエリヤやエリシャがその代表である。彼らは時の権力者にへつらうことなく、自らの命を危険にさらしても預言を伝える存在として描かれている。「彼は私について良いことは預言せず、悪いことばかりを預言する」というイスラエルの王の言葉から、ミカヤもまた一匹狼型の預言者であったと考えてよい。こうした一匹狼型の預言者は、神による裁きの宣告と、神に忠実な者への救済の希望を伝えた。裁きとは具体的には、王朝の滅亡や王国の滅亡などである。王宮から給料の出ない彼らは人々に託宣を求められた際にもらえる礼を収入源として暮らしていたようである[5]。

こうした預言が成就すると、その預言者の名声は高まり、弟子たちができる場合もあった。例えば列王記下九章一節にはエリシャの「預言者の仲間」という表現で登場するのがこうした弟子たちである。一匹狼型の預言者は、たとえ弟子集団が形成されたとしても、王宮からは独立して活動し続けた。アモスやホセアなど、その名が書名に冠されている預言者のほとんどはこのタイプの預言者である。時の政策に果敢に警鐘を鳴らし続けるために、知は経済的にも独立する必要があったのである。

王国滅亡後の預言者

王国時代には多くの預言者が登場したが、王国滅亡後、状況は変わった。すでに見たように、エルサレムの神殿を失った人々は、新たな神学を構築し、イデオロギー喪失の危機に立ち向かった。その過程で、エレミヤやエゼキエルのような預言者が活躍し、人々に救済の希望を与えたのはおそらく事実であろう。

同時に、神殿で祭儀ができなくなったことにより、人々の生活にも大きな変化が生じた。祭儀の埋め合わせとなったのは、書かれた律法の学習とその実践である。罪を犯しても神に贖罪のいけにえを献げることができなくなった状況において、罪を犯さないようしっかりと律法を守ることに傾注するようになったのである。また、犠牲を献げることによって神への感謝を表していたが、これもできなくなった。神が喜ぶのは犠牲ではなく、律法の遵守であるという説明さえ始まったかもしれない（箴言二一章三節など）。こうした状況下、人々は神とのコミュニケーションの方法をも変えざるを得なくなった。

アケメネス朝時代初期にもまだ預言者は活発に活動していた。ハガイやゼカリヤに代表されるこれらの預言者の言葉の多くは、バビロニアからの帰還を果たした人々の未来への希望を反映している。

ところが、エルサレムに神殿が建設され、王のいない、祭司が社会の頂点に立つ時代が到来すると、再び状況が一変した。北王国でも南王国でも、古代西アジア世界で一般的であったように、王が国家祭儀において重要な役割を果たしたと思われる。アケメネス朝時代の神殿再建に伴い、祭儀も再び重要性を増したが、祭司たちにとって何より重要だったのは、人々に律法を守らせ、それによって自分たちの権益を守ることであった。そのため旧約聖書においては、国家主催の祭儀が創設され展開したであろう王国時代ではなく、それよりも前の時代にすでに祭儀の細かな規定が指示されていたことになっている。つまり、たった一つの幕屋における祭儀を新しい神殿における祭儀のモデルとして参照されるよう腐心して仕組んだのである。これにより、王が不在でも祭儀を執り行うことができるようになった。こうして祭司は、名実ともに共同体の頂点に君臨することができたのである。

ところが、祭司たちにとって邪魔な存在があった。それが預言者である。預言者は、血筋などに関係なく神から召命を受ければ誰でもそう自称でき、そして人々に直接神からの使信を伝えてしまう。しかも、王国時代の一匹狼型の預言者がそうであったように、預言者の中には反体制的な預言を告げる人物も少なくない。すでに見たように、預言者ホセアのように祭司に対して批判的な眼差しを向ける預言者もいたであろう。神の至上命令としての書かれた律法を疑いなく守ることを人々に要求していた祭司たちには、まるでトランプの「大富豪」におけるジョーカーのような預言者が目の上のたん瘤のような存在となったのである。

このような状況で祭司たちが採った対策として、一番に考えられるのは弾圧である。日本では一九二五年に治安維持法がつくられ、さらに二八年には厳罰化されて、「国体の変革」を目的として結社を組織する者を死刑に処することも可能となった。これと同じようなことをすることが可能なほど、当時の祭司たちの権力は絶大であったはずである。

旧約聖書は王国時代における一匹狼型の預言者に対する弾圧を描いている。すでに紹介したイムラの子ミカヤは、王の不興を買う預言をしたために（列王記上二二章一三〜二八節）、またエレミヤは王国時代末期にバビロニアによってエルサレムが滅ぼされることを声高に告げたために投獄されたし（エレミヤ書二七章一一節〜三八章二八節）、エレミヤと同時代のウリヤという預言者にいたっては王によって殺害されている（エレミヤ書二六章二〇〜二三節）。しかし、アケメネス朝時代におけるこのような預言者弾圧は旧約聖書に記されていない。果たしてこの時代、王に代わって権力者となった祭司たちは預言者を弾圧したのだろうか。

エレミヤは「偽りの預言者」と彼が呼ぶ宮廷預言者に対して辛辣な言葉を放っている（エレミヤ書二三章九〜四〇節）。「主の託宣」と言いながら、本当はヤハウェに由来しない事柄を述べ、民を惑わしているというのである。エレミヤがバビロニアによるユダ王国征服を預言していたのに対し、他の預言者の一人ハナンヤはすでにバビロニアによって奪われていた神殿の宝物と捕囚民をヤハウェが取り戻すと預言していたという（エレミヤ書二七〜二八章）。

エレミヤ書二八章一節を見ると、二人の預言者は神殿において、祭司たちとすべての民の前で預言についての論争を繰り広げていたようである。そのため、王だけでなく、多くの人々がこの二人の「預言論争」を知っていた。結局バビロニアがエルサレムを征服したことによりエレミヤの言葉が成就し、ハナンヤの預言が「偽り」であるとされた。その結果、エレミヤは預言者として高く評価され、「エレミヤ書」という彼の名を冠した書物が編まれるほどになった。

他方、バビロニアによる国家存亡の危機を前に、どちらも「ヤハウェ」の名で語られた、相反する預言をめぐる激しい論争が繰り広げられたことは、結果として、後の時代に預言の評価を落とすこととなった。「偽」の預言の存在が明らかとなったからである。ある預言が真の預言か否を知るためには、それが成就するかどうかを見て判断することしかできない。申命記は次のように偽の預言者の見分け方を教えている。

ただし、預言者が傲慢にも、私の命じていないことを私の名によって語ったり、他の神々の名によって語ったりするならば、その預言者は死ななければならない。（申命記一八章二〇節）

その預言者が主の名によって語っていても、その言葉が起こらず、実現しないならば、それは主が語られた言葉ではない。預言者が傲慢さのゆえに語ったもので、恐れることはない。（同二二節）

成就しない預言は偽の預言である。しかし危機的状況において、その預言が成就するかどうかを見るまで待っていては遅いこともある。バビロニアによる南ユダ王国の征服がまさにそれに当たる。相対立する預言が多くの人々の面前で共にヤハウェの名によって語られたことにより、人々の間で預言そのものへの信頼が大きく揺らいだのである。

加えて、アケメネス朝時代になると、それまでのように体制批判をすることすら難しくなった。体制批判をする人間はいたであろうが、それが大きな運動となることを祭司たちは恐れたのである。彼らはアケメネス朝ペルシア帝国の属州で緩やかな自治を許されていただけであり、そうした自治の許可は反体制的な暴動の勃発で簡単に取り上げられてしまいかねないものであった。したがって、共同体の存続も自分たちの地位をも危うくする反体制的な預言者の活動を、祭司たちが黙って見逃していたとは到底考えられない。こうした状況下、預言者の活動は下火になっていったものと思われる。

旧約聖書に所収された最後の預言書はハガイ書とゼカリヤ書である。[6] ゼカリヤ書一三章は「預言の終焉」を次のように伝えている。


その日になると、(中略)預言者たちと汚れた霊をこの地から追い払う。それでもなお誰かが預言するならば、その者を生んだ父と母が彼に向かって言う。「あなたは主の名によって偽りを語ったので、生きることができない。」そして彼を生んだ父と母は、息子が預言しているときに、彼を刺し貫くであろう。その日になると、預言者たちは皆、自分の預言の幻によって恥をかく。彼らは人を欺くための毛皮の外套を着なくなり、「私は預言者ではない。土地を耕す者だ。若い時から土地は私の所有物だ」と言う。(ゼカリヤ書一三章二〜五節)

ここには、預言者が自ら預言者であると告白することができないような状況が描かれている。たとえ「預言」という行為自体がその後も続いていたとしても、アケメネス朝ペルシア時代初期以降、社会全体の認識として、人々が預言をする時代は終わりを告げていたのである。[7] 紀元前三世紀頃に成立したと考えられている『アザルヤの祈り』には、「今や、君主も預言者も指導者もなく」（一五節）とある。紀元前二世紀後半の成立と見られる『マカバイ記 一』には「大きな苦しみがイスラエルに起こった。それは預言者が彼らに現れなくなって以来起こったことのないような苦しみであった」とあり、預言者が最後に出現したのが随分昔のことであるように描かれている。

ヘレニズム時代になると、もはや預言書は書かれなくなる。神からの使信は、エノクやダニエルといったはるか昔の人々が伝えたものとして記されるようになった。

すでにアケメネス朝ペルシア時代において「預言」という語の意味も変化したのかもしれない。歴代誌上二五章には次のように記されている。

ダビデと将軍たちはアサフ、ヘマン、エドトンの子らを奉仕のために選び分けた。彼らは琴、竪琴、シンバルを奏でて預言する者となった。（中略）アリフの一族についてはザクル、ヨセフ、ネタニヤ、アサルエラ。アサフの一族はアサフの指示に従い、アサフは王の指示に従って預言した。エドトンについては、その子らゲダルヤ、ツエリ、エシャヤ、シムイ、ハシャブヤ、マティトヤの六人。彼らは父エドトンの琴に従い、エドトンは主への感謝と賛美によって預言した。（一～三節）

ここで名前が挙がる人物は、レビ人である（歴代誌上一五章一七節）。彼らは楽器を演奏し、讃美を奏でて「預言」したとされる。ダビデの時代を描く箇所だが、これがアケメネス朝時代の現実を投影した記述であることはすでに見たとおりである。この記述にしたがえば、アケメネス朝時代には、預言は神殿での音楽演奏となり、祭司に従属するレビ人の役割となったのである。先述のように、預言者はトランス状態に陥るために音楽を用いたようであるが、この時代になると、神を賛美する音楽演奏そのものが「預言する」という行為とみなされるようになったのかもしれない。そこでは宮廷預言者すらも祭司の従属者とされた。この「預言」という語の再定義の背後に、レビ人の上に立ち、これらのテクストの編集に関わった祭司たちの姿が見えるような気がするのである。

アケメネス朝時代に成立した旧約聖書の「律法」には、祭司たちが講じた預言者出現阻止への布石を見出すことができる。

主は、人がその友と語るように、顔と顔を合わせてモーセに語られた。（出エジプト記三三章一一節）

主はこう言われた。
「聞け、私の言葉を。
あなたがたの間に預言者がいるなら
主なる私は幻によって自らを示し
夢によって彼と語る。
私の僕モーセとはそうではない。
彼は私の家全体の中で忠実である。
口から口へ、私は彼と語る。
あらわに、謎によらずに。
彼は主の姿を仰ぎ見る。」（民数記一二章六〜八節）

ここでは、他の預言者は幻や夢によって神の使信を受け取るのに対し、モーセは直接神の姿を見ることができる存在として描かれている。「律法」の後に置かれた「預言者」で活躍するエリヤでさえ、またイザヤやエレミヤ、エゼキエルといった尊敬を集める預言者でさえ、この点でモーセには遠く及ばない、と断言しているのである。まさに別格である。モーセが預言者であるとはっきり記すのは申命記のみであるが、その申命記において、モーセは次のように語ったとされる。イスラエルの人々が「約束の地」に入った後のことについて述べた発言である。

　あなたの神、主は、あなたの中から、あなたの同胞の中から、私のような預言者をあなたのために立てられる。あなたがたは彼に聞き従わなければならない。（一八章一五節）

この記述によれば、モーセ自身が、後に自分のような預言者が現れると言明している。しかし同じ申命記の最後、モーセの死の描写の直後では次のように述べられている。

　イスラエルには、再びモーセのような預言者は現れなかった。（三四章一〇節）

申命記の後に置かれている「預言者」では、モーセが語った通り、特に王国時代に多くの預言者が活躍する。しかしその直前、申命記の掉尾を飾る部分において、モーセの絶対無比が説かれ、それ以降にいかなる預言者について描かれようとも、それはモーセとは比べようもないのだ、と先取りして読者に警告するのである。[8] ここには「預言者」よりも「律法」を上に置く、王国滅亡以後、とりわけアケメネス朝時代以降の「律法至上主義」が縮図となって表れていると言えよう。これこそ、祭司たちが自らの地位を保守するために使ったテクスト上の預言者「弾圧」と言えるのではないだろうか。祭司たちが実際にどのように預言者を弾圧したのかについては推測の域を出ないものの、テクスト上の弾圧についてはこのような仕方で跡付けることができるのである。

預言者対書記

旧約聖書に収められた預言者の言葉は、二〇〇〇年以上も前の特定の社会的・歴史的状況から生まれたものである。それらの預言は、アッシリアの預言文書がその後も保存されたように、最初は口伝として、後にテクストとして保存され伝承された。

それらが伝承として伝わっている間に、また文字として書かれた時、あるいは現在のような形で編まれた際、何らかの解釈が加えられることがあった。今日旧約聖書にその足跡が残されている預言者の多くは、権力に対して批判的な言葉を放っていたと思われる。他方、それらをまとめた編集者は多くの場合、体制側にいた人々であった。したがって、そこに預言者の生の声がそのままあると安易に信じることには注意が必要である。たとえ預言者が当時の体制に対して間もなく到来する神の審判を声高に叫んでいたとしても、それを遠い将来に向かって発せられたかのように編集することも、またそっくり削除することさえ編集者には可能だったはずだからである。

例えを挙げよう。十二預言者に収められた預言書はそれぞれ独自の社会的・歴史的文脈から成立したテクスト群である。したがって、それらに顕著な「終わりの日」という概念は、本来、それぞれの預言が発せられた、特定の社会的・歴史的文脈に照らし合わせて解釈すべきものである。しかし、正典として今のような形で一緒に配列されると、それはあたかも「まとめて読むべきもの」のように読者の目に映り、本来の社会的・歴史的文脈から外れた読み方をするよう読者を誘《いざな》うかもしれない。

キリスト教の旧約聖書において十二預言者が新約聖書の直前に置かれているのは、そこに記されている預言をイエスが実現するというような「錯覚」を読者に持たせるためである。無論、テクストはいかなる読み方にも開かれているものであるし、現在の配列からその意図を探るという読み方にも意義はある。しかし、そうであっても、個々の預言が発せられた社会的・歴史的文脈をも考慮することは、テクスト解釈の客観性を担保するためにも必要なことではないだろうか。

さて、ではどのような人物が、これらのテクストを書き、伝えてきたのだろうか。当然ながらそれは文字の読み書きができる人々、すなわち書記であった。ヘブライ語は二二字のアルファベットで記したため、メソポタミアの楔形文字やエジプトのヒエログリフのような複雑な文字体系よりも容易に学習できるが、旧約聖書のような文学的テクストを読み書きするためには、熟練が必要だったと考えられる。[9]そのため、他の古代西アジア地域同様、文字の読み書きは書記たちが独占することとなった。次の記述からは、祭司でさえも読む行為については書記に委ねていたことが窺える。

あるとき、大祭司ヒルキヤは書記官シャファンに、「主の神殿で律法の書を見つけました」と伝えた。そしてヒルキヤがその書をシャファンに渡したので、彼はそれを読んだ。（列王記下二二章八節）

列王記下二二〜二三章に記されるヨシヤの「改革」に、祭司と共に書記も密接に関与していたことは注目に値する。それは「改革」が、ここに挙げた、（失われていて）新たに見つかった「律法の書」に基づいて行われたとされるからである。バビロニアによって国を失って以降、書かれたテクストとしての律法の重要性が増大し、その結果、書記たちの影響力も拡大した。彼らだけが律法を実際に読み、書き写し、解釈し、また編集することができたからである。

では、祭司と書記との関係はどうだったのだろうか。「書記」という職業／地位が初めて言及されるのはサムエル記下八章一七節の、ダビデの部下たちの記述においてである。その後も、王宮との関連で書記たちの名前が何度か挙がっている。[10] 王宮においては、外交や行政など、書簡を作成したり記録を取ったりする作業が行われるため、書記が常駐していたのは自然であろう。また、契約文書や裁判記録の作成といった日常的業務の大部分は、おそらく各都市にいた所謂代書業者としての書記が担っていたと考えられる。

　文字の読み書きや文書作成作法の習得には相応の訓練が必要とされること、また祭司と並び、王宮の主だった官僚たちに名を連ねていることから、古代パレスチナにおける書記はエリートであったと考えてよい。おそらく代々書記を務めるような家系もあっただろう（歴代誌上二章五五節）。王族に書記がいたという記述もある（歴代誌上二七章三二節）。

　アケメネス朝時代にはレビ人の祭司がいたと歴代誌は記述している（歴代誌上二四章六節、下三四章一三節）。神殿の再建に尽力したエズラは祭司であり書記官でもあった（エズラ記七章六、一一～一二、二一節）。彼はレビ人たちと一緒に民の前で律法を朗読し、説明したという（ネヘミヤ記八章一～一二節）。したがって、律法の書写にも解釈にも、そして教育にも、書記たちと共に祭司たちも関わっていたことは間違いないだろう。

　時代は戻るが、バビロニアによってエルサレムが征服される前、すでに預言者と書記との間に確執が見られた。エレミヤ書八章において、エレミヤは「主の律法」を知っていると唱える人々に非難の矛先を向けている。

　どうしてあなたがたは言えるだろうか。
「我々は知恵ある者で

主の律法は我々と共にある」と。
書記たちの偽りの筆で
それは偽りとなった。（エレミヤ書八章八節）

多くの研究者は、ここで言及される「主の律法」が、ヨシヤ時代の「改革」の基盤となった「律法の書」であると考えている（列王記下二二章八節）。エレミヤはここで、人々が「主の律法」と主張するものは書記たちによる偽りの律法だと言うのである。

預言者は神から超自然的な召命を受け、自らを神からの使信を人々に伝える存在、つまり神の代弁者であると主張する。書かれた律法もまた、神からの言葉を書いたものと主張される。この両者が時として対立関係に陥るのは自明であろう。前者が後者を偽りであると主張するように、後者もまた前者を偽りとすることもできたのは、申命記の記述で見た通りである。神から預言者に直接下された使信は、人々がそれを信じた時、書かれた律法を帳消しにすることさえ可能な強大な潜在力を持っていたのであり、祭司たちがそれを恐れないはずはなかった。

仮に律法が神から与えられたものであるとしても、書かれたテクストは、人間、すなわち書記によって解釈されねばならない。預言者の語る言葉の真正性は、その預言が成就するまではわからない。こうした理由から、旧約聖書のそこかしこに、「神の言葉」をめぐる預言者と書記との間の激しい〈戦い〉を垣間見ることができるのである。

預言者と書記との間に〈戦い〉があったと仮定する時、エレミヤ書のこの記述が今日まで旧約聖書の中に保存されてきたということは特筆に値する。編集に携わった書記たちは、自分たちに対する痛烈な批判を削除することも当然できた。もしかすると、エレミヤはもっとあからさまで辛辣な批判を展開していたのかもしれないが、そうであったとしても、書記に対する批判が残されていることは、書記たちが自分たちにとって都合の悪いことをすべて削除したわけではないことを示していると考えてよいのかもしれない。

考えてみれば、旧約聖書に収められている、イザヤが預言したアッシリアの撤退やエレミヤが告げ知らせたバビロニアによる南ユダ王国の征服など、預言の一部は歴史の中で成就したこととされている。実際、旧約聖書に反映している神学思想の重要な部分は、預言の成就である。そうであれば、エルサレム神殿の再建と自治共同体設立によってある意味「歴史の勝者」となった祭司・書記たちが逆にそれらを利用して自らの支配確立とその支配体制維持に利用したと考えることもできよう。

Ⅶ　結婚をめぐる〈戦い〉――「国際結婚」は合法か

産めよ、増えよ

創世記によれば、神が人類を創造した時、彼らに与えた最初の命令は次のようなものであった。

「産めよ、増えよ、地に満ちて、これを従わせよ。海の魚、空の鳥、地を這うあらゆる生き物を治めよ。」（一章二八節）

この言葉は神の祝福と記されている。[1] その後、人類は増えるが、大地は増えた人類の暴虐で満ち、神は大洪水による世界のリセットを実行する（六～八章）。[2] しかし、神は人類を再創造することはしなかった。義人ノアとその家族が大洪水を生き残ったからである。

洪水後、神はノアたちを祝福し、「産めよ、増えよ」という最初の命令を繰り返す（九章一、七節）。この同じ命令が世界の創造とそのリセット後に繰り返されるということは、人が子をもうけることが洪水後の世界においても神の命令であるということに他ならない。他の多くの古代社会におけるのと同様、旧約聖書は出産を絶対的に肯定するのである。

そういう視点から創世記二章に描かれる最初の男女の出会いについての記述（二二～二四節）を読む

と、そこにも肯定的な眼差しを見ることができよう。[3] 旧約聖書は結婚を祝福しているのである。

雅歌は、結婚どころか、未婚の男女の性愛すら讃美する。この作品に登場する一組の若い男女は、求め合い、互いを探しに行く。時折かなりきわどい官能的な内容も見え、愛し合う歓びを自由に表現しているかのように見える。雅歌において、愛は究極的価値として位置づけられているのである。申命記二二章などの、非常に厳格な結婚制度の律法に照らせば、未婚の男女の性交渉は死をもって罰せられるものであるため（男性側が女性の父親に金を払ってその女性を妻にするなら罰は与えられない）、雅歌が旧約聖書に収められていることの意味について古代から議論されてきた。

しかし雅歌を、未婚の男女に性愛を勧める目的で記された書物と考えるべきではないだろう。若者とおとめ、おとめたちの三者で交わされる歌は、まるで古代日本の歌垣《うたがき》のようにも響く。筆者は雅歌を、きわどい表現も含め、男女が集まり歌って楽しむための娯楽的作品だったのではないかと考えている。

したがって、結婚は古代パレスチナ社会において極めて重要であった。しかし、ただ結婚して子孫をもうければよいというものではなかったようである。最終章である本章では、旧約聖書に展開される結婚についての思想的〈戦い〉について考えてみよう。

王国時代以前の「国際結婚」の記述

筆者が子供の頃に比べれば、現在の日本における国際結婚の割合は相当増えている。ここ数年は頭打ちのようだが、二〇〇六年の統計では、全国の婚姻件数の六・一パーセントが国際結婚だったそうである。一六組か一七組に一組は国際結婚ということになる。筆者の周囲にも国際結婚した人は少なくない。

日本は島国ということもあり、近代において国際結婚はそれほど見られなかったようだが、古代においては多くの渡来人が大陸から日本列島に流入し、先に列島に居住していた住民たちとも婚姻関係を結んで定着していったと思われる。古代においては、異なる言語を話す者同士が結ばれることはそれほど珍しいことではなかったのだろう。もっとも「国民国家」や「国籍」という概念ができるまではそもそも「国際結婚」という用語もなかったはずである。近隣に住む、異なる外見、習慣、言語を持つ者同士が婚姻関係を結ぶことは、無論それが一方から他方への暴力や強制を伴うものであったならば問題ではあるが、そうでなかったとしたならば、自然なことのようにも思える。

人間の往来がより活発な地域においては、国際結婚はさらに身近なものだっただろう。ヨーロッパなどでは、主として政治的・経済的理由から王族同士で婚姻関係を盛んに結んだ。日本も一時期皇族・華族と朝鮮の王公族との婚姻を進めた時期があった。

「文明の十字路」に位置するパレスチナにおいても、「互いに他者と認識する集団間における婚姻」（以下、これを「国際結婚」と呼ぶ）は決して珍しいものではなかった。子供をもうけることが重視されていた古代において、結婚は重要な問題であった。すでに父祖たちの時代の記述から、婚姻と出産に関するエピソードは旧約聖書中に数多く残されている。まずはアブラハムの息子イサクの婚姻について見てみよう。年老いたアブラハムは、独身の息子のために妻となる女性を探すよう老僕に命じている。

アブラハムは、財産のすべてを管理している家の老僕に言った。「（中略）天の神、地の神である主にかけて誓いなさい。私が今住んでいるカナンの娘たちの中から、息子の妻を迎えてはならない。私の生まれた地、私の親族のところに行って、息子イサクのために妻を迎えなさい。」（創世記二四章二～四節）

ここでは、アブラハムやイサクはパレスチナに住んでいるという設定である。この場合の「カナン」

はパレスチナを指す言葉で、「カナンの娘」というのは、パレスチナ土着の人々の女性を指している。創世記九章の物語では、カナンはノアの孫に当たる人物で、ノアによって呪われている（九章二一〜二七節）ことから明らかなように、旧約聖書におけるカナンのイメージは甚だ悪い。

他方、アブラハムが言う「私の親族」とは、今日の北シリア辺りにいた、アブラハムの兄弟の一族を指している。イサクが結婚した女性リベカは、アブラハムの兄弟の孫であるから、彼にとっては従姪《いとこめい》であった。

こうして親族と結婚したイサクは、後に自らの息子の一人ヤコブに次のように言っている。

イサクはヤコブを呼び寄せて祝福し、そして命じた。「お前はカナンの娘を妻としてはならない。パダン・アラムに向かい、お前の母の父ベトエルの家に行って、そこで母の兄ラバンの娘を妻としなさい。」（創世記二八章一〜二節）

イサクがヤコブにこのように言ったのには、その直前にある、イサクの妻リベカの次の言葉を受けてであろう。

リベカはイサクに言った。「私は、ヘト人の娘たちのことで、生きているのが嫌になりました。もしヤコブが同じように、この地の娘たちの中からあのようなヘト人の娘を妻に迎えるとしたら、どうやって生きてゆけばよいのでしょう。」（創世記二七章四六節）

ここで出てくる「ヘト人の娘たち」とは、ヤコブの兄エサウが妻にした、パレスチナ土着の住民の女性のことである。この後、ヤコブはイサクの言葉通り、自分の親族の女性（従姉妹）と結婚している（創世記二九章）。

これらの記述からは、父祖たちがパレスチナ土着の住民との婚姻を忌避する傾向があることが読み取れる。しかし、その後の創世記の記述を見ていくと、ヤコブの息子たちは、親族以外の女性と結婚している。例えばユダはカナン人の女性（創世記三八章二節）[4]、ヨセフにいたってはエジプト人の祭司の娘と結婚している（創世記四一章四五節）。また、アブラハムはエジプト人のハガルとも子をもうけている（創世記一六章一〇節）。

出エジプト記は、モーセの妻がミデヤン人であるとする（出エジプト記二章一五～二一節）。また、レビ記には父がエジプト人で母がイスラエル人の男も登場する（レビ記二四章一〇節）。父祖たちの時代末期からパレスチナに定着するまでの時代においては、イスラエル人ではない人との婚姻が特別視されていない様子が見て取れよう。

ところが、「約束の地」に入る前にイスラエルの人々に与えられたという設定の申命記の律法では、先住の人々との結婚が固く戒められている。

> あなたの神、主が、あなたが入って所有する地にあなたを導き入れて、多くの国民、すなわち、あなたより数が多くて力の強い七つの国民であるヘト人、ギルガシ人、アモリ人、カナン人、ペリジ人、ヒビ人、エブス人をあなたの前から追い払うとき、（中略）彼らと婚姻関係を結んではならない。あなたの娘をその息子に嫁がせたり、その娘をあなたの息子の嫁に迎えたりしてはならない。
> （申命記七章一～三節）

続く四節でその理由は、「それはあなたの息子を私から引き離すことになり、彼らは他の神々に仕えるようになる」と明らかにされている。

これは、すべての「国際結婚」が禁じられたことを意味しているのだろうか。申命記二三章は、必ずしもそうではないことを示している。

混血の人は、主の会衆に加わることはできない。十代目であっても、主の会衆に加わることはできない。

アンモン人とモアブ人は、主の会衆に加わることはできない。十代目であっても、いつまでも主の会衆に加わることはできない。(中略)

エドム人を忌み嫌ってはならない。彼は、あなたの兄弟だからである。

エジプト人を忌み嫌ってはならない。あなたはその地で寄留者だったからである。彼らに生まれた子どもは、三代目には主の会衆に加わることができる。(申命記二三章三～九節)

ここでは、アンモン人とモアブ人との混血の子孫は十代経っても仲間と認めてはいけないが、エドム人(ヤコブの兄エサウの子孫)とエジプト人は三代目には仲間として認めてよいと記されている。相手が誰でも、何が何でも認めない、というわけではないようである。

それ以降、はっきりとした「国際結婚」の記述はあまりない。士師記では士師サムソンが、当時イスラエル人を支配していたペリシテ人の女性と結婚したり(一四章)、恋に落ちたりしている(一六章)。サムソンがペリシテ人の女性を妻にしたいと自分の両親に頼むと、彼らは「あなたの兄弟の娘の中にも、私の身内の中にも、妻になる女がいないとでも言うのか。無割礼のペリシテ人の中から妻を迎えようとは」と、それをやめさせようと発言する（一四章三節）。これらの記述には、やはり「国際結婚」を忌避する傾向を見ることができる。

王国時代の「国際結婚」

次に「国際結婚」に言及されるのは、ダビデの治世である。ダビデはゲシュルの王の娘との間に王子アブシャロムをもうけたとされる（サムエル記下三章三節）。しかし、ここでは結婚自体が焦点として取り上げられているわけではない。

「国際結婚」が大きな話題となるのはダビデの息子ソロモンの時代である。まず、ソロモンは大国エジプトのファラオの娘と結婚したとされる（列王記上三章一節）。ソロモンは他にも多くの妻を持ったようだが、その様子は次のように記されている。

> ソロモン王はファラオの娘をはじめとして、モアブ人、アンモン人、エドム人、シドン人、ヘト人など多くの外国の女を愛した。これらの国民について、主はかつてイスラエルの人々に、「あなたがたは彼らと結婚してはならない。また彼らもあなたがたと結婚してはならない。さもなければ、必ずやこれらの国民が、あなたがたの心をその神々へと向けさせるだろう」と言われた。だがそれにもかかわらず、ソロモンはこうした者たちを愛して離れることがなかった。彼には多くの妻、すなわち、七百人の王妃と三百人の側室がいた。この女たちが彼の心を誤らせたのである。（列王記上一一章一～三節）

これに続く部分では、晩年のソロモンが「外国」の妻たちの影響でヤハウェ以外の神々の崇拝を保護したこと、そしてそれが王国衰退の原因となったことが語られる（四〜四〇節）。ここでは異国の人々との結婚を禁じる申命記の律法に言及し、ソロモンがそれを破ったがゆえに王国が傾き、やがて分裂したのだと説明するのである。

これと似たケースが北王国の王アハブに見られる。彼はシドン人の王女イゼベルと結婚し、バアルとアシェラに仕えたとされ（列王記上一六章三一〜三三節）、彼の王朝が滅びたのはそのためだと説明される（列王記下九章二二節）。

こうした「国際結婚」への否定的な見方は、それがヤハウェ以外の神々の崇拝へとつながることと、そしてそれが王国滅亡につながったという過去についての解釈に基づいている。そうであるならば、「国際結婚」が否定的に見られるようになったのは、王国が滅亡して以後のことと考えてよいだろう。

アケメネス朝時代の「国際結婚」

アケメネス朝時代にバビロニアから帰還した人々の間では、「国際結婚」は非常に重大な問題となっていた。「国際結婚」は、この時代のことを記述するエズラ記の主要なテーマの一つとなっている。エズラがエルサレムに帰還すると、「長たち」と呼ばれる人々がエズラのもとにやって来て、次のように言ったという。

「イスラエルの民も、祭司も、レビ人も、この地の民から離れようとせず、カナン人、ヘト人、ペリジ人、エブス人、アンモン人、モアブ人、エジプト人、アモリ人の忌むべき慣習に従っています。彼らもその息子たちもこの地の民の娘をめとり、聖なる種族はこの地の民と混じり合ってしまいました。長たちや役人たちが最初にこの背信の行為に手を染めたのです。」（エズラ記九章一〜二節）

この訴えを聞いたエズラは「茫然として座り込んだ」という（九章三節）。そして「国際結婚」を禁じる申命記の律法を引用しつつ神に祈った（五～一五節）。

「地の民」とは、ここではこの地の先住民を指す。ただし、ここで挙げられている人々の中で、この当時実在していたのはアンモン人、モアブ人、エジプト人だけで、それ以外の人々はパレスチナに最初に移住してきた時代の物語に登場する「典型的な」先住民である。申命記二三章では、アンモン人やモアブ人との混血は仲間として認められていなかったが、エジプト人は、三代目以降は仲間として認めてよい、とあった。しかしここではエジプト人も槍玉に挙げられていることから、より厳格な混血の禁止を求めているようである。

エズラ記においては、ヤハウェ以外の神々の崇拝につながる可能性があるということだけが「国際結婚」禁止の理由なのではない。エズラ記は新たに「聖なる種族」という概念を持ち込んでいる。自らを「聖なる種族」とみなすことにより、「清い我ら」と「穢れた彼ら」との間を橋渡しできないほどの大きな溝で分断する。こうしたあからさまな差別の背後に見えるのは、自分たちのアイデンティティを崩壊させかねない周囲の人々への極度の恐れである。強い差別感情を剝き出しにしなければならないぐらい、アケメネス朝時代に帰還した人々のアイデンティティと、それに根差した自信は脆く儚いものであった。

相続をめぐる〈戦い〉

エズラ記が言及する「地の民」には、名を挙げられている人々の他に、別のグループの人々も含まれていたと考えられている。それは、バビロニアによって連行されず、ユダに残っていた人々と、サマリア人である。

人間が結婚する理由は様々である。愛している相手と共に生きたい、という理由もあれば、子供が欲しい、という理由もあろう。結婚することによって経済的な恩恵を被りたいという理由もあるかもしれないし、世間体を気にしてということもあり得る。政略結婚もあっただろうし、あるいはこれらの幾つかが合わさった複合的な理由で結婚する場合もあろう。

アケメネス朝時代に帰還を果たした人々が直面した深刻な問題の一つは、土地の所有権問題であった。彼らがいない数十年の間に、彼らの先祖が住んでいた土地には別の人々が住むようになっていた。当時は土地の権利証書も土地台帳もなかっただろうから、お互い土地の所有権を主張しても議論は平行線を辿ったことだろう。ユダに残っていた人々の主張はエゼキエル書に垣間見ることができる。

エルサレムの住民は言っている、「主から遠ざかれ、この地は我々が所有するために与えられた」と。（エゼキエル書一一章一五節）

だからと言って、帰還民は武力に訴えて残っていた人々を追い出すことはできなかった。そんなことをしたら、アケメネス朝によって共同体設立の認可が撤回されるかもしれないからである。最も平和的な解決策の一つが残っていた人々との結婚を進めることであった。彼らとの婚姻を進めれば、やがて生まれて来る自分の孫たちは土地を相続できるからである。

エズラの祈りの後、この「国際結婚」によってもたらされた「罪」に対する解決策が民の中から提案された。エズラ記一〇章から読んでみよう。

エラムの一族であるエヒエルの子シェカンヤはエズラに言った。「私たちは神に対する背信の罪を犯し、この地の民である外国の女と結婚しました。しかし、この件についてイスラエルには希望があります。この度、私たちは神と契約を結び、これらの女、および彼らから産まれた子らをすべて追い出します。わが主と、神の戒めを畏れ敬う人々の勧めに従ってのことです。律法に従って行いましょう。お立ちください。このことはあなたの肩にかかっています。私たちはあなたに協力します。勇気をもって行ってください。」（二～四節）

この提案は実行されたという。ユダとエルサレムの住民に対して、三日の間にエルサレムに集まらない者は財産を没収し、会衆から除名するという布告が出された（一〇章七～八節）。降りしきる雨の中、神殿の広場に集まった人々に、エズラは次のように言った。

「あなたがたは背信の罪を犯し、外国の女と結婚し、イスラエルの罪責を増し加えた。そこで今、先祖の神である主に罪を告白し、主の御心を行いなさい。この地の民から、外国の女から離れなさい。」（一〇章一〇～一一節）

この時、震えていた人々は「あなたのお言葉どおりにいたします」と答えたという（一〇章一二節）。反対者も若干はいたが、大多数は命令に従った。それから「国際結婚」をしている者についての調査が行われた（一〇章一五～一七節）。その後に続くのは「違反者」の長々としたリストである（一〇章一八～四四節）。「彼らは妻を追い出すことに同意」したとあるが（一〇章一九節）、追放自体の描写はない。あまりにも悲痛な場面であるがために、敢えて記述することを避けたのであろうか。

「国際結婚」の問題は、総督ネヘミヤの二度目の任期において再び浮上する。「モーセの書が民に読み聞かされ、アンモン人とモアブ人は神の会衆にとこしえに加われないとそこに記されているのが分かった」人々は、「混血の人をすべてイスラエルから切り離した」と記されている(ネヘミヤ記一三章一〜三節)。ここで言及される「モーセの書」が申命記二三章に収められているテクストもしくはその原型であることは疑いない。

ネヘミヤ記一章一九節には、エルサレムの市壁を再建しようとする帰還民たちを嘲るホロニ人、アンモン人、アラブ人の言葉が記されているが、一三章によれば、こうした人々の一人、アンモン人トビヤは、エルサレムの祭司エルヤシブと縁戚関係にあり、エルヤシブは、ネヘミヤが一時ペルシアの宮廷に召喚されている間にトビヤのために神殿の部屋の一室を手配したという(四〜五節)。ネヘミヤはそれを知ると「非常に不愉快になり、その部屋からトビヤ家の器具類をすべて外に投げ出し、その部屋を清め」たと記されている(八〜九節)。エズラ同様、ネヘミヤにとっても、アンモン人は「穢れて」いたのである。

「トビヤ」という人名は「ヤハウェは良い」を意味する。また、エルサレム神殿に部屋を持っていることからも、この人物がヤハウェ崇拝者であったことは明らかである。エズラやネヘミヤが問題にしているのは、トビヤたちがヤハウェ以外の神々を崇拝しているということではなく、彼らのヤハウェ崇拝が「純粋」なものではない、ということなのである。こうした記述からは、「純粋」なヤハウェ崇拝は、バビロニアから帰還した自分たち「純血」の「イスラエル人」だけに可能であるという極めて排他的な思想が透けて見える。

また、続く一三章二三〜二五節はさらにおぞましい場面を描いている。記述によれば、人々が「アシュドド人やアンモン人やモアブ人の女と結婚している」ことがネヘミヤの知るところとなった(二三節)。そして「その子どもたちの半数はアシュドドの言葉、あるいはそれぞれの民の言語を話し、ユダの言葉を話すことができなかった」という（二四節）。ネヘミヤはこの事態に対しても極めて暴力的な行動を取ったとされる。

私は彼らを責め、呪い、その幾人かを打ち、その毛を引き抜き、神にかけて誓わせた。
「あなたがたの娘を彼らの息子に嫁がせてはならない。彼らの娘をあなたがたの息子の妻に、またはあなたがた自身の妻に迎えてはならない。」（二五節）

二八節は、祭司エルヤシブの孫が、サマリアの指導者であるホロニ人のサンバラトの娘と婚姻していたとする。ネヘミヤは彼をも追放した。

こうした記述からは、祭司を含む帰還民たちがユダに残っていた人々や周辺の人々と平和裏に暮らしていくために彼らとの婚姻を進めていたこと、それに対し、帰還民の一部には、エズラやネヘミヤのように排他的な血統主義を掲げる人々がいたことが見て取れる。後者は共同体としてのアイデンティティを喪失させかねない「混血」の危機を乗り越えるためには暴力も辞さないという態度であるが、こうした暴力的な施策が現実に行われたかどうかは定かではない。こうしたテクストが書かれた動機には、それを読む者が、「国際結婚」が「罪」であることを認識し、それを行わないよう促す目的もあったと思われる。つまり、こうした暴力の描写もまたテクスト上に展開する思想上の〈戦い〉の一つと考えることもできるのである。

離婚への反対

エズラ記では、男たちが「国際結婚」で結ばれた妻たち、そして彼らの間に生まれた子供たちを追放することに同意したと記されている。しかし、現実にはそれに反対する意見も当然あったことだろう。エズラ記やネヘミヤ記同様、アケメネス朝時代に成立したマラキ書二章は、離婚への反対意見を表明するものとみなせるかもしれない。

マラキ書二章一一節では、「ユダが主の愛される聖なるものを汚し、異国の神を信じる娘をめとっている」とユダの人々を非難している。「異国の神を信じる娘」とあるので、ここでは「国際結婚」そのものが問題となっているのではなく、ヤハウェ以外の神々の崇拝が問題となっていると言えよう。その観点から言えば、こうした行為は、申命記七章の律法に違反している。しかし、エズラ記やネヘミヤ記に記された情報に照らし合わせるならば、それは「正しい」ヤハウェ崇拝ではないことを意味しているのかもしれない。

マラキはさらに別の問題へと論点を移す。マラキによれば、ヤハウェが人々からの供え物を受け取らないのは次の理由に依るという。

あなたとあなたの若い時の妻との間の証人となられたのに、あなたが妻を裏切ったからだ。彼女こそ、あなたの伴侶、あなたと契約をした妻である。(マラキ書二章一四節)

ヤハウェが結婚の証人となったのに、その結婚という契約を人々は守らなかったというのである。ヤハウェははっきりと離婚に対して反対するとマラキは言う。

私は離婚を憎む

――イスラエルの神、主は言われる。

離婚する人は衣服で暴虐を隠している
——万軍の主は言われる。（マラキ書二章一六節）

先に「異国の神を信じる娘」との結婚が問題視されているにもかかわらず、ここでは離婚に反対する態度が表明されている。この二つを考えあわせれば、マラキはいかなる状況にあっても離婚してはいけないという意見を述べているように見える。つまり、マラキは「国際結婚」自体には反対であり、その点においてはエズラやネヘミヤと同意見であるが、だからと言ってそれを理由としてすでに結婚している人々が離婚することには断固反対しているように見えるのである。「憎む」という強い表現からも、離婚反対のはっきりとした立場を読み取れよう。

二章一五節では、離婚に反対するさらなる理由が述べられる。

主は、肉と霊を持つただ一つのものを造られたではないか。そのただ一つのものとは何か。神の子孫を求める者ではないか。

このテクストは、おそらく創世記の最初の男女の創造に言及している。創世記二章二四節は、「男は父母を離れて妻と結ばれ、二人は一体となる」と述べている。その目的は、「産めよ、増えよ」という命令にある通り、子孫をもうけることであった。そのことは「神の子孫を求める」というマラキ書の表現で繰り返されている。マラキは、「国際結婚」をしていたとしても、「神の子孫」を育てることによってヤハウェの崇拝を推し進めることは可能であること、したがって離婚や妻子の追放を避けることができるということを主張しているのではないだろうか。現在のマラキ書は、これらの論点を曖昧にしているように見えるが、それももしかすると編集者の手になるものかもしれない。

　エズラやネヘミヤの採る「純血主義」に対抗する意見を伝える作品としてよく取り上げられるのがルツ記である。ルツ記が描く時代は士師たちの時代とされるが、「諸書」に入れられていることから考えても、アケメネス朝ペルシア時代以降の成立と見てよい。もしそうであるならば、このテクストもエズラ記やネヘミヤ記、またマラキ書と同様に、バビロニアから戻った帰還民たちが直面した問題について何らかの示唆を与えてくれる可能性がある。

「ルツ」はルツ記の主人公の女性で、モアブ人である。彼女は、飢饉を逃れてモアブの地にやって来たイスラエルの男と結婚するが、その男は死んでしまう。男の父も兄弟も死に、残ったのは男の母ナオミと男の兄弟の妻だけであった。ナオミは飢饉も収まったので故郷に戻ることとし、息子たちの妻たちにはモアブの地に残って新しい家族を築くように勧めた。しかしルツはナオミに「あなたの民は私の民、あなたの神は私の神です」と言い、ナオミと一緒に行くと言って聞かない。二人してイスラエルに戻ると、そこでルツはナオミの親戚に当たるボアズという男性と出会い、最終的に二人は結ばれる。二人の子孫からはダビデが生まれた、という物語である。

　確かにダビデの先祖に、申命記二三章で十代目であっても仲間に入れてはいけないとされるモアブ人がいることは、「国際結婚」撲滅に対する反対意見の表明であるように思える。しかし、物語全体は、ルツがモアブ人であることを特に強調してはいないため、この物語が「国際結婚」撲滅に対する反対意見表明という目的で書かれたと考えることは難しい。

　そうであったにせよ、ダビデの先祖にモアブ人がいるという情報を隠さないルツ記が正典の中に取り入れられたことは興味深い。ダビデ王朝の王には他にも、異国の人の血を引く王がいる。ソロモンの跡を継いだレハブアムの母はアンモン人であったとされるのである（列王記上一四章二一節）。

すでに紹介したように、民数記一二章においては、あのモーセですら、「妻にしたクシュ人の女のこと」で兄弟であるアロンとミリアムから非難されている。このエピソードは、モーセの卓越性が神によって示され、ミリアムが罰を受けることで終わっている。「国際結婚」が身近であったからこそ、このような問題が繰り返し社会の中で持ち上がったのであろう。親の世代ほど近くなくても、先祖に「混血」の人物を持つ人々は決して少なくなかったのだと思われる。

このように、「国際結婚」の「合法性」をめぐっても、旧約聖書のテクスト上で〈戦い〉が繰り広げられていた。申命記やエズラ記・ネヘミヤ記においては「国際結婚」に対する批判的な見解が前面に押し出される反面、必ずしも「国際結婚」を頭ごなしに否定しない見解も旧約聖書の中に見出すことができる。正典としての旧約聖書は、異なる意見を提示することにより、「国際結婚」について賛否両方の解釈を可能としていると言えるだろう。

結

知の衝突・融合

ヨーロッパにおける近世は、書物の時代の始まりでもあった。

ルターの「宗教改革」がヨーロッパ中を震撼させ、今日まで続く大きな影響力を当時持ちえたのは、彼の著作が出版直後にヨーロッパ中で読まれたからである。それを可能としたのが、ルターの著作が発表される七〇年ほど前にグーテンベルクが開発した活版印刷術であった。活版印刷術は、火薬・羅針盤と並んで、ルネサンス三大発明の一つにも数えられている。

書物の力は、技術の進歩と共にさらに広範囲に及ぶものとなった。二〇世紀末のことである。インターネットの登場によって、自宅にいながら世界中の書籍を入手できるようになった。電子書籍の普及は書籍へのアクセスをさらに容易にした。もはや書物を読むのに紙さえ必要ない時代が到来したのである。二〇一一年春に始まった、北アフリカ・西アジアの所謂「アラブの春」では、情報がインターネットを通じて素早く拡大したことにより、多くの民衆が民主化を求めるデモに参加した。

翻って古代に目を向けてみよう。紀元前四〇〇〇年紀後半、メソポタミアとエジプトを中心とする西アジア世界では、文字の発明によって知の集積と継承を可能とし、知を飛躍的に発展させることに成功する。これらの文明が使用していたのは複雑な体系を持つ表意文字であったが、やがて表音文字であるアルファベットが発明され、レバノンの港湾都市を拠点とする人々を経由して西方世界へ、またアラム人の手を介して東方世界へと広まっていった。ウイグル文字もアラム文字をその起源とする。

紀元前四世紀、アレクサンドロス大王の東征によってヘレニズム世界が誕生した。プトレマイオス朝の都アレクサンドリアには一大学術センターであるムセイオンが建設され、地中海地域各地の知者が集結した。ムセイオンには、各地からアレクサンドリアに到来する船に搭載されていたあらゆる書物を収めるための巨大な附属図書館が設立されたという。メソポタミア文明やエジプト文明だけでなく、エーゲ海に花開いたギリシア文明の知がアレクサンドリアに結集し、そこで衝突して、高次において融合した。異質な文化同士の対話が学問の進展に大きく寄与し、以後、アレクサンドリアは地中海世界の知の中心としての役目を担っていったのである。

ここで得られた学知はギリシア語で記された。そしてこの学知は、後にギリシア語をキリスト教会の典礼語としたビザンツ帝国へと継承される。他方、エジプトが七世紀後半にイスラームに征服されて以降はアラビア語に翻訳されてイスラーム世界へも受け継がれていった。アッバース朝の都バグダードには「知恵の館」が創設され、そこではギリシア語の科学や哲学に関する文献が体系的にアラビア語へと翻訳されたという。この古代知の継承がイスラーム世界で学問が大いに発達する契機となった。中世における知の中心はイスラーム世界にあったのである。

十字軍によってビザンツ帝国やイスラームと接触するようになると、西ヨーロッパではこれら「東方」が継承していた「失われた」優れた学知への関心が急速に高まった。その結果、シチリアのパレルモやイベリア半島のトレドに翻訳学校がつくられ、ギリシア語から翻訳されていた多数のアラビア語文献がさらにラテン語に翻訳された。これらの書物に収められた知がいわゆる「一二世紀ルネサンス」と、その後の西ヨーロッパにおける「ルネサンス」の原動力となっていったのである。西ヨーロッパ各地で大学がつくられるようになるのもこの頃からであった。ヘレニズム時代から受け継がれていた東西の知は、再びここで遭遇し、融合し、そして大きく展開した。

以上、やや西欧中心史的な書きぶりとなったが、知の中心が西アジアとヨーロッパでどのように移動していったのかを概観した。知が衝突し、融合して躍動したのが、ヘレニズム時代と十字軍時代という、東西の文化が「遭遇」した時代であったことは注目に値する。冒頭に記したように、その後書物の大量印刷が可能となって、ラテン語を学問世界の公用語としていた西ヨーロッパにおける知の伝達と普及は一層加速度を増した。やがて一七世紀の科学革命に至る、西ヨーロッパのその後の知の爆発的な発展はむしろ必然と言ってもよいだろう。

文明の十字路

東にメソポタミア、南西にエジプトという二つの古代文明が栄えた地域に挟まれた、「肥沃な三日月」の西端には、今日「パレスチナ」と呼ばれる地域がある。肥沃な三日月の一部を形成するとはいえ、ティグリス川やユーフラテス川のような大河もなく、地味も決して豊かとは言えない。ただし、ムギやマメの天水農耕は可能であったし、山がちな地形と温暖な気候、そしてアルカリ性の土壌は、オリーヴやブドウなどの果樹栽培にも適していた。

東地中海世界では、エジプト文明が生まれただけではなく、アナトリア（今日のトルコ）に興ったヒッタイト、さらに北西のエーゲ海で生まれたエーゲ文明と、様々な民族が高度な文明を築いた。これらの地域を結ぶ地峡部に当たるパレスチナを、多くの人とモノが通過したのは至極当然であろう。パレスチナは、知の衝突・融合の生じる、まさに文明の十字路に位置していたのである。パレスチナの諸遺跡から大量に出土する、エジプトやメソポタミア、またエーゲ海地域からもたらされた品々は、パレスチナにおける歴史がこれらの諸地域と密接な関係を持ちながら展開していったことを如実に証している。

本書が紹介する旧約聖書に収められた書物が成立したのは、この文明の十字路においてであった。旧約聖書に収められた書物には、古代メソポタミアの文学作品との類似性が随所に見られる。加えて、箴言やコヘレトの言葉などは古代エジプトの知恵文学との類似も指摘される。これら西アジアの古代文明が残した文学作品との最大の違いは、旧約聖書がヤハウェのみを神と奉じるようになった人々によって編纂された結果、一神教という衣を纏ったのに対し、両文明に由来する作品の大部分には複数の神々が登場することにある。バビロニアの主神マルドゥクについての文学作品の中に一神教の萌芽を見ることができるが、それでもそれは旧約聖書の一部の書物に見られるような排他的な一神教信仰とは性格を異にする。現在の旧約聖書に登場する神は概して、絶対的な、歴史を主宰する神として描かれているのである。今日旧約聖書に収められている思想の多くは、こうした絶対的な神の存在を前提として成立している。

他方、古代ギリシアの文化は、専制的な王のいない状況で発展した。その結果、自由で合理的、そして人間中心的な思考が育まれたという。ギリシア神話の神々は総じて人間的で、主神たるゼウスこそいるが、彼とて、神であろうと人間であろうと美しい女性には目がなく、ヤハウェのような絶対的な神などとはほど遠い存在として描かれる。したがって、ギリシアでは歴史を主宰する人格を備えた神を前提とせず、事物の背後にある法則を合理的に追究する学問が展開した。

この二つの互いに異なる思想は、遅くともすでに紀元前七世紀後半においてパレスチナで遭遇していたと考えてよい。士師記一三～一六章のサムソンの物語や、サムエル記上一七章のダビデとゴリアトの一騎打ちの物語などに、ギリシア神話やギリシア叙事詩の影響が見て取れる。当時、アッシリアの衰退に伴いパレスチナに勢力を拡大したエジプトは、ギリシア人傭兵を雇ってパレスチナに配置していたため、旧約聖書を残した人々とギリシア人とが直接交流していたことは疑いようがない。しかし、こうした類似は物語の筋《すじ》等の部分的なものに留まっている。

旧約聖書を聖典と奉じるようになったユダヤの人々は、ヘレニズム時代までにアレクサンドリアにも移住していた。後にアレクサンドリアのユダヤ人共同体は、ユダヤ以外で最大規模となる。この学知の都において、旧約聖書の思想はギリシア思想と遭遇し、本格的に対峙することとなった。

先祖伝来の律法を守るユダヤの人々は、アレクサンドリアにおいて自らの信仰とその基盤をギリシア語で説明する必要があった。旧約聖書がアレクサンドリアにおいてギリシア語に訳されたのも、こうした必要が関係していたことだろう。しかしこの遭遇によって、すでに長い歴史を持つ旧約聖書自体が大きく変化することはなかった。衝突し、融合した思想は、ギリシア語で記された新約聖書やグノーシス主義の作品群の中により色濃く反映している。

やがてユダヤ教からキリスト教が誕生し、キリスト教が旧約聖書をも聖典としたことによって、後にキリスト教を国教と定めたローマ帝国や、その後ヨーロッパを支配した諸王国らは旧約聖書とそこに収められた思想をも吸収していった。ヘレニズムとヘブライズムがヨーロッパの思想の基底にある、とよく言われるが、前者はギリシア思想からローマ文化を通じてヨーロッパへ流れ込み、後者はキリスト教を通してヨーロッパが受け継いだものであった。合理的思想と絶対者の存在の前提という、一見相容れない二つの思想は、緊張のうちに平衡を保ちながら、今日に至るまでヨーロッパ文明を推進する両輪の役割を担ってきたのである。

〈戦い〉の書としての旧約聖書

本書で見てきたように、旧約聖書は、決して一枚岩の思想に基づいて編纂された書物ではない。それぞれ特徴的な思想のもとに編纂された書物を収録するため、旧約聖書の正典全体は様々に異なる思想を提示している。奴隷の問題はその一例である。出エジプト記二一章二節は、同胞の男奴隷は七年目には解放されねばならないと記している。しかし女奴隷には言及されない。申命記一五章一二節は、この解放の命令を女奴隷にも拡大している。こうした違いを、後者の律法が前者を補完しているのだと捉えることは理に適っていよう。ではなぜ補完しなければならなかったのだろうか。それは、前者の律法が流布して以降になって女奴隷の解放が社会の中で問題とされるようになったからだろう。本書Ⅴ章の「食肉をめぐる〈戦い〉」で扱った家畜を屠る場所についての規定の変化も、そのような社会の変化を反映しているものと考えられる。

正典としての旧約聖書を手にする読者諸賢は、そのひとまとまりの書物の中に異なる思想が展開していることに戸惑いを感じるかもしれない。それはおそらく、自身の中に旧約聖書という書物に対するある種の前提があるからではないだろうか。一つの書物の中には筋の通った思想が展開しているはずだ、という無意識の前提である。このような前提は、近現代に成立した書物を手にして成長した現代の人間にとっては当たり前のものかもしれない。また、旧約聖書が特定の信仰において聖典とされ、人生の指針を与えるような書物とされることも少なくないことから、そうした書物の内容は当然首尾一貫したものであるはずだ、という前提を持つ読者もいるかもしれない。

しかし、旧約聖書は近現代に書かれた多くの書物とは、成立した時代も成立過程も大きく異なる。Ⅰ章で述べた通り、旧約聖書は長い間に異なる著者たちによって記された複数の書物のアンソロジーである。それゆえそれらの書物は、互いに異なる思想を時として展開しているのである。旧約聖書という一つの正典の中に見出せるそのような異なる思想を、本書では思想上の〈戦い〉と称して紹介し、そのような〈戦い〉が生じた社会的・時代的背景について考察した。すなわち、「イスラエル」誕生をめぐる

〈戦い〉、神のアイデンティティをめぐる〈戦い〉、「真のイスラエル」をめぐる〈戦い〉、祭司の正統性をめぐる〈戦い〉、「神の言葉」をめぐる〈戦い〉、結婚をめぐる〈戦い〉の六つである。

ただし留意しなくてはいけないのは、〈戦い〉と名付けたこれら異なる思想の衝突は、今ある正典の中に収められているがゆえに衝突のように見えるだけなのかもしれない、ということである。「国際結婚」の問題のように、ある時代に争点の一つとなり、その時代に展開した両方の思想を収めた例もあっただろうが、奴隷や肉食の問題のように、先に展開していた思想を後から訂正するために記されたテクストもあっただろう。

では、旧約聖書が一つの問題に対する異なる見方を収録したのはなぜだろうか。多様な見方を提供することによって、読者に複数の視点を与えるためだ、と解釈することも可能だが、むしろそれは結果であって、収録の背景ではないだろう。

旧約聖書の物語の中には数多くの「矛盾」がある。例えば、ヨシュア記一一章でイスラエル人が滅ぼしたはずのハツォルの王が士師記六章に再び登場したり[2]、サムエル記上一六章でサウルに気に入られて召し抱えられているはずのダビデが、続く一七章でサウルによって誰なのか全く認識されていないことなどが挙げられる[3]。こうした矛盾は、異なる伝承を保存しようとした結果と解されることが多い。どちらも古くから伝えられてきた伝承なので、整合性を持った一つの伝承にまとめるのではなく、矛盾したままでも敢えて両方収録したのだ、というのである[4]。この考え方にしたがえば、編纂者は古い伝承に敬意を払っていたことになろう。

相反するような思想を伝えるテクストの場合も、やはり古い伝承を保存するという意味があって両方とも収録しているのかもしれない。しかし同時に別の理由も考えられる。それは、互いに異なる思想の両方を正典に入れることによって、それぞれの思想を支持する人々両方の融和を図ったという理由である。意見が一致しない場合、どちらかの意見にまとめるのではなく、どちらをも「聖なる」テクストに収録し、それによって意見に決着をつけるのを引き延ばしたのだとも考えられるかもしれない。政治の世界では、新しくつくる法律の内容について政治家の間で意見が食い違う時に、異なる意見を可能な限り条項に組み込むよう配慮し、全体の合意を形成することがある。そうして成立した法律は「交渉」の成果と言えるだろう。

本書では、「アブラハムの神」と「イサクの神」という呼称を用いる理由について取り上げた説などがこれに当たるだろう。アブラハムを父祖と仰ぐ人々とイサクを父祖と考える人々とが一つの「民」となる際に、両方の伝承を融合させた、というケースである。もう一つは、モーセの子孫とアロンの子孫との正統な祭司職をめぐる確執もこれに含まれるかもしれない。このような視点から見れば、旧約聖書において異なる思想が見られるのは、古代における思想上の「交渉」の結果であると考えることができるだろう。本書で用いた〈戦い〉という言葉は、より穏当な表現を使えば「交渉」と言い換えることもできるかもしれない。

旧約聖書の読み方

旧約聖書という書物が読者に提供する情報は限られている。情報があまりに限られているゆえに、読者が想像力を駆使して読まざるを得ないような記述さえある。例えば、創世記二章一一節は、神が、最初の男女を置いたエデンの園の中央に、「命の木」と「善悪の知識の木」を置いたと記している。この「善悪の知識の木」から食べると死ぬ、と神は人に告げる（二章一七節）。では、なぜ神は、死をもたらすような木をわざわざ園の中央に生えさせたのだろうか。その理由はどこにも記されていない。そのため、読者は想像力を駆使して、その理由を想像するよう誘われているのである。

加えて、旧約聖書に収められた個々のテクストの背後には、無数の明かされない意図が渦巻いている。ある言葉を語った預言者の意図、それをテクストに残そうとした弟子の意図、それを一つの集成に含めようとした書記の意図、さらにそれを旧約聖書という正典に取り込もうとした編集者の意図、それを書き写しながらテクストに修正を加えた学者の意図、日本語に翻訳した翻訳者の意図など、テクストが読者の手元に伝わるまでに様々な人間の意図が働いた可能性がある。

聖書学という学問は、テクストと取り組むためのルールを決め、そのルールに従ってテクストを読み解く方法を教えてくれはする。しかしルール自体が常に変化するため、あるテクストについての五〇年前の解釈と現代の解釈とでは大きく異なる場合も少なくない。旧約聖書という書物自体はあらゆる読み方に開かれており、その解釈に絶対的な正解はないのである。

本書では、基本的には現在の聖書学のルールを用いて旧約聖書に収められた〈戦い〉について綴いたが、本書における解釈も複数ある中の一つの解釈に過ぎない。本書を書くに当たっての筆者の前提は、旧約聖書が、思想や背景の異なる様々な集団の声を反映している、というものであった。そういう前提であったために、本来はまったくそうではないものの、〈戦い〉を反映していると解釈してしまったテクストもあるかもしれない。また逆に、そういう前提であったからこそ〈戦い〉の跡を浮き彫りにすることができたテクストもあるかもしれない。この辺りの判断は、読者諸賢にお任せしたい。

本書を通して、古代の西アジアに生きた人々の知的活動の一端を披露してくれる旧約聖書の魅力について、少しでも多くの読者に知っていただければ幸いである。今から二〇〇〇年以上前の西アジアにおいて、度重なる知の衝突と融合の果てに成立した旧約聖書の力は、今でもその力を失っていない。その背後に、激動の歴史を逞しく生き抜いた人々の姿を見ようとするのは、筆者のロマンに過ぎないだろうか。

＊地図２（17頁）のクレジットは以下のとおりです。

注

序

1 長谷川、二〇一四a、七頁、長谷川、二〇一八a、一八四―一八五頁。
2 上村、二〇一一、二六―三〇頁。詳しい経緯についてはSchmid 2019, 72–75参照。
3 「タナハ（Tanakh）」もしくは「ミクラー（Miqra）」というのがユダヤ人による聖書の呼び名である。後者は「読まれるもの」という意味があり、イスラームの聖典「クルアーン」の意味とも通ずる。しかし、日本国内で「タナハ」もしくは「ミクラー」と背表紙に記された書物の背表紙を見ても多くの人々はそれがキリスト教のいうところの「旧約聖書」であるとはわからないことだろう。
4 マッカーター・ジュニア他、一九九三、樋口、二〇〇一、ヘルマン、クライバー二〇〇三、山我、二〇〇三などを参照。
5 長谷川、二〇一四a、九―二九頁、二〇一八a、一七―一四〇頁参照。
6 長谷川、二〇一三、六五―九三頁参照。
7 長谷川、二〇一四a、四〇―四三頁参照。
8 長谷川、二〇一四a、三一―七一頁、二〇一八a、一四四―一八三頁参照。
9 長谷川、二〇一三、九五―一三一頁参照。
10 長谷川、二〇一三、一三三―一五五頁参照。
11 長谷川、二〇一四a、一三一―一五九頁参照。
12 長谷川、二〇一三、一五六―一八四頁、長谷川、二〇一六参照。
13 長谷川、二〇一三、一八五―一八七頁参照。
14 長谷川、二〇一三、一八九―一九四頁参照。
15 長谷川、二〇一三、一九四―二〇〇頁参照。
16 長谷川、二〇一三、九―一三頁参照。

1　中世後期に、聖書の各書は参照しやすいように章に分割され、その後さらに節に分割された。章節の分割は、様々な聖書によって若干の異同がある。本書における章節の分割の仕方は聖書協会共同訳（二〇一八）に基づいている。

2　歴史上の「古代イスラエル」と聖書テクストが用いる概念としての「イスラエル」との関係については、長谷川、二〇一八b、一〇三―一〇六頁参照。

3　日本で手にする書物のほとんどでは「三九」という数字が旧約聖書の書物の数え方に使われているが、これはサムエル記、列王記、歴代誌をそれぞれ上下二巻に、エズラ記とネヘミヤ記を別々の書としてカウントするプロテスタントの数え方に基づいている。この三九という数字を説明もなく用いる書物はプロテスタントの立場から聖書について説明する書物か、そういった書物を参考に書かれたものと言える。筆者はそのような立場に立たない。

4　大島、一九九六、一五〇頁。

5　聖書テクストの編集史という観点から見ればテクストの「最終編集段階」とも言える。大島、一九九六、一五〇―一五一頁参照。

6　エズラ記とネヘミヤ記はユダヤ教では一書と数えられることもある。また、ゼカリヤ書九～一四章とマラキ書はもともとゼカリヤ書への付加として後代に一緒に付け足された可能性も指摘されている。こうした見方によれば、「十二」というイスラエル部族の数と同じ数にするため、さらに後の時代になってから、人工的にマラキ書をゼカリヤ書から分離したことになる。確かに十二預言書の他の書物と異なり、マラキ書には預言者の名が登場しない。「マラキ」というのは「我が使者」を意味するヘブライ語で、マラキ書三章一節に言及される。この箇所は神の託宣であり、文中の「我」は神であるため、「我が使者を遣わす」という文言を「マラキを遣わす」と解するのは困難である。

7　「律法」所収の五書はモーセによって書かれたと伝統的に考えられてきたが、聖書学はそれらを同一の著者には帰さない。エレミヤ書と哀歌を、ともにエレミヤを著者とする説、エズラ記・ネヘミヤ記と歴代誌が同一の著者によって書かれたという説も同様に否定されている。

8　より厳密に言えば、「律法」はまず申命記のみを指して用いられ（申命記一章五節）、その後に創世記から申命記までの五書を指すようになった。Kratz 2017, 126 参照。

9　大島、二〇〇七、七五頁参照。ちなみに士師と十二預言者は一人ひとりの名前ではなく、それぞれひとまとまりとして言及されている。
10　シュミート、二〇一三、三五四頁。
11　聖書協会共同訳は続編中のエズラ記（ラテン語）として所収。
12　二四という数字は直接書かれていないが、「後に記された七十巻」という記述があるため、九四―七〇＝二四という数が求められる。
13　二二という数字はヘブライ語のアルファベットの数であり、象徴的な数であることから、ヨセフスは敢えて二二という数字にするための数え方をしているという説もある。上村、二〇一一、三二―三四頁、シュミート、二〇一三、三五四頁参照。
14　キリスト教における正統と異端との関係、こうした分別が孕む暴力性については、上村、二〇一一、五一―五三頁参照。
15　シュミート、二〇一三、三五五―三五八頁。Gertz 2016, 31.
16　Hezser 2006, 122; Arnold 2014, 22. シュミート、二〇一三、三五三―三五八頁。
17　Barton 2016, 15–16.
18　列王記下二二―二三章によれば、紀元前七世紀後半に、エルサレムへの祭儀集中が行われ、地方の神殿／聖所は廃棄された。この記述の史実性を決定的に裏付ける考古学的な証拠は見つかっていない。
19　もっとも、離散の地に神殿を築いた人々もいた。紀元前五世紀、エジプトのエレファンティネ島にはユダの人々の末裔が住んでおり、ヤハウェと同一視できる「ヤホ」と呼ばれる神の神殿が建てられていた。マッカーター・ジュニア他、一九九三、二八四―二八八頁参照。
20　アケメネス朝は支配下の諸民族に自治を広く認めた。長谷川、二〇一三、一八九―一九〇ページ参照。
21　山我、二〇一三、五二―五三頁参照。したがってアケメネス朝時代以前のヤハウェ信仰を持つ人々を「ユダヤ人」と呼ぶのは誤りである。髙井・渡井、二〇一八、一五五―一五六ページ参照。
22　「七十人訳」についての詳しい情報は、ヴュルトヴァイン、一九九七、八一―一一九頁を参照。
23　新約聖書はギリシア語で書かれているのに、なぜその引用元がヘブライ語の旧約聖書かギリシア語の「七十人訳」なのかがわかるかというと、翻訳の過程でヘブライ語とギリシア語の間に変化が生じていることがあるからである。
24　もっともこの句はこのフィクション（ルツ記の物語）を時間軸の中に位置づけるための装置である。
25　スピノザ、一九四四年、第八章参照。

26 長谷川、二〇一三、一五―一八頁。紀元前二〇〇〇年紀には楔形文字が書簡等で用いられている。書簡はアッカド語の方言で作成された。

27 ここでの文字普及の年代は、パレスチナで見つかっている文字史料を基にしている。その大部分は石や固まった粘土など、現在まで残っている材料に記されたものである。それ以前にも、パピルスなど残りにくい材料の上にヘブライ語が記されていた可能性は排除できない。ただし、そうだとしてもそうした文字使用の開始が紀元前一〇〇〇年を数百年も遡るということはなさそうである。

28 ちなみにこれは紀元前六〇五年であったことが、そこに記された情報から推定できる。長谷川、二〇一三、一三―一四頁参照。

29 Arnold 2014, 21.

30 大島、二〇〇七、七四―七五頁。

31 より詳しくは、木幡、一九九五、山我、二〇一二、三―一五、三三三―三五一頁参照。

32 より正確にはこの説はかなり早い段階から出されていた。その後、申命記から列王記までを、申命記に顕著なイデオロギーで編纂された一連の歴史書（「申命記史」）であると理解する見方が一九四〇年代に現れ、長らく一世を風靡していたもの、それに対する見直しが近年始まったのである。ノート、一九八八、レーマー、二〇〇八を参照されたい。近年の五書研究の動向については、シュミート、二〇一三、五六―五八頁、Kratz 2017, 128–132を参照。また、「九書」という数え方は今日の区分にしたがっており、古代においては「九」よりも少ない数であったかもしれない点には注意が必要である。

33 「律法」最後の書物である申命記は、「前の預言者」の四書と極めて親和性が高く、これら五書をまとめて「申命記史書」という名称で呼んでいる。マルティン・ノートが一九四三年に提唱し始めたこの説は、今日様々な修正を受けながらも、ヘブライ語聖書／旧約聖書の成立過程の一つを描くための重要な仮説の一つとなっている。ノート、一九八八、レーマー、二〇〇八。

34 長谷川、二〇一五、一九頁。

35 上村、二〇一一、一一四―一一七頁。

36 上村、二〇一一、一一四―一一七頁。

1 近年、ベルリン博物館が所蔵するエジプト碑文断片が紀元前一四〇〇年、もしくは紀元前一四世紀の「イスラエル」の名に言及している可能性が論じられているが、依然としてコンセンサスを得られていない状況であるため、本書では議論から外す。Shanks 2012 参照。
2 Langgut et al. 2013, 長谷川、二〇一三、九九頁、二〇二〇、一三〇頁参照。
3 長谷川、二〇一四a、三一―三二頁参照。
4 「領域調査」または「表面調査」とは、発掘を伴わない考古学的調査で、対象となる地域を考古学者のグループが踏査し、地表面に落ちている遺物を収集・分析していつ頃その地域に居住があったのかについて調査するものである。
5 従来、「四部屋式住居」などと呼ばれてきたが、正確には部屋ではない空間（中庭）も含まれるため、筆者は「四間住居」と呼ぶことにする。「間」には「部屋」という意味もあれば「空間」という意味も含まれるからである。
6 長谷川、二〇一三、一一四―一一八頁。
7 ヨシュア記の征服物語は、紀元前七世紀の南ユダ王国の王ヨシヤの時代に、アッシリア帝国の王碑文などを参考に記されたという説がある。レーマー、二〇〇八、一二七―一三六頁参照。
8 さらに同時代碑文史料にも「イスラエル」は現れる（後述）。
9 紀元前一九世紀にシリア地方からエジプトにやってきたセム系の人々がいたことは、壁画等の史料からわかっている。これらを「イスラエル」と結び付けることは理論上は可能である。詳しくは長谷川、二〇一四a、四〇―四三頁参照。
10 長谷川、二〇一三、六五―九三頁参照。
11 創世記五章二七節によればメトシェラは九六九歳まで生きた。
12 長谷川、二〇一三、六八―六九頁参照。
13 無論、すべてが史実を語っているとは言えない側面もある。前田他、二〇〇〇、六九―七〇頁参照。
14 長谷川、二〇一三、六六―六八頁参照。
15 長谷川、二〇一三、三二―三六頁参照。
16 詳しくは、長谷川、二〇一三、九五―一一〇頁、同二〇一四a、三一―七一頁、同二〇一八a、一四四―一八三頁参照。
17 山我、二〇一三、一二七―一三二頁参照。

18 山我、二〇一三、八八頁参照。
19 山我、二〇一三、八二―八五頁参照。

Ⅲ

1 山我、二〇一三、一〇〇―一〇四頁、ティリー、ツヴィッケル、二〇二〇、一一三頁参照。
2 申命記五章一一節にも同じ文句がある。なお、ユダヤ教のヘブライ語聖書ではそれぞれ出エジプト記二〇章六節、申命記五章一〇節に相当する。ユダヤ教のヘブライ語聖書とキリスト教のヘブライ語聖書の章節の分け方は時として異なっている。Coogan and Chapman 2018, 4 参照。
3 Coogan and Chapman 2018, 94.
4 アブラハム（創世記一二章七節、一五章七節、一七章八節）、イサク（創世記二六章二～三節）、ヤコブ（二八章一三、一五節、三五章一二節）。
5 漫画でなくても例えば、マルセル・プルースト『失われた時を求めて』といった長編などには、登場人物同士の血縁関係など、途中で様々な「矛盾」が見られる。
6 山我、二〇一三、八五頁参照。
7 山我、二〇一三、八二―八五頁参照。
8 山我、二〇一三、一〇九、一一五―一一六頁参照。
9 ウガリト神話については、クレイギー、一九九〇参照。
10 当時の彼の名は「アブラム」。神による「アブラハム」への改名は創世記一七章五節に記されている。
11 山我、二〇一三、一二一頁参照。ただし、「エルとエルヨーン」と記されたアラム語の碑文が見つかっている。しかし、この「と」の解釈には諸説あり、その中には必ずしもこの「と」ゆえに「エル」と「エルヨーン」を別個の神格と考える必要はない、と論じるものもある。
12 山我、二〇一三、一六二―一六四頁参照。なお、この動詞の古代ギリシア語訳は単数形である。複数形ではおかしいと感じた訳者もしくは書記が単数形に修正したのかもしれない。
13 山我、二〇一三、一六四頁参照。

14 ティリー、ツヴィッケル、二〇二〇、二〇五—二〇七頁参照。
15 山我、二〇一三、一二四—一二七頁参照。
16 二八章では「神の家」を築くとあるが、三五章では「神の家」ではなく「祭壇」となっている。「ベテル」という名からも、ここでは「神の家」が建てられていないと辻褄が合わない。ヘブライ語で「神の家」とはすなわち「神殿」のことであり、後にエルサレム神殿以外はすべて廃止された。父祖たちが神殿をエルサレム以外の場所に建てたという記述はこうした観点からよろしくないものとして後代になってから修正されたものと思われる。
17 Ⅵ章で後述するが、この「み使い」はおそらく後代の挿入で、もともとは神自身がヤコブに話しかけたと理解すべきと思われる。
18 ヤコブは、「私は顔と顔とを合わせて神（エローヒーム）を見たが、命は救われた」と言って、その場所をペヌエルと名付けた（創世記三二章三一節）。
19 聖書協会共同訳は「エル・エロヘ・イスラエル」。
20 創世記四六章三節も参照。
21 山我、二〇一三、一〇六—一〇七頁参照。
22 創世記二八章三節、四三章一四節、四八章三節。
23 「エル」も「エローヒーム」も、また「エローヒーム」の単数形とされる「エロアハ」も、ここでは「ヤハウェ」と異国の神どちらを指すときにも用いられる。ただし一七節のエロアハは単に一般的な「神」を指しているのであって、ヤハウェを指していない可能性もある。
24 「シャッダイ」はここでは「悪霊」などと訳され、明らかに「ヤハウェ」と同一視できない存在である。
25 Van der Toorn et al. 1999, 285–288.
26 Van der Toorn et al. 1999, 285–288.
27 創世記三六章一五節、エレミヤ書四九章二〇節、エゼキエル書二五章一三節、オバデヤ書九節参照。
28 山我、二〇一三、一三五—一四一頁参照。
29 山我、二〇一三、一〇四—一〇六頁参照。
30 この研究については、山我、二〇一三、一一一—一一三頁、ティリー、ツヴィッケル、二〇二〇、一四二—一四三頁参照。

31 山我、二〇一三、一〇八―一一一頁参照。

32 山我、二〇一三、一四七―一五四頁。

33 「サマリアのヤハウェ」と記された、紀元前八世紀頃の碑文がクンティレト・アジュルドというシナイ半島の遺跡から出土している。Meshel 2012, ティリー、ツヴィッケル、二〇二〇、一四〇―一四二頁参照。

34 Van der Toorn et al. 1999, 147–148.

35 申命記四章三節では、「バアル・ペオル」は地名としても用いられている。

36 イザヤ書五一章九～一〇節、エレミヤ五章二二節、詩編七四編一三～一四節、八九編一〇～一一節も参照。

37 これらの「バアル」の部分は、サムエル記においては、「恥」を意味する「ボシェト」に書き換えられている。この書き換えについては、山我、二〇一三、一〇九―一一〇頁参照。

38 Van der Toorn 1999, 543–549.

39 好ましくないのは、それが不法な発掘、つまり盗掘を助長しかねないからである。この点については、長谷川、二〇一四bを参照。

40 これらの文書群については、高井・渡井、二〇一八参照。

41 被征服国の神に仕えていた神官たちは、自らの生き残りをかけ、自らの神が征服国の神のどれかと同じだという主張を展開したかもしれない。

Ⅳ

1 正確には *Sir'-a-la-y-a* と記されているが、この表記は歴史的・地理的文脈に照らして「イスラエル」の誤記であると理解されている。

2 長谷川、二〇一一、六四―六七頁、同二〇一三、一六二頁参照。

3 この碑文はモアブ語で記されている。詳しくは長谷川、二〇一一、五八―五九頁参照。

4 長谷川、二〇一一、六七頁参照。

5 長谷川、二〇〇八、同二〇一〇、同二〇一一、二〇―二一頁参照。

6 長谷川、二〇一三、一九六頁参照。

7　長谷川、二〇一一、五八―六一頁、同二〇一三、一五〇―一五五頁参照。
8　レーマー、二〇〇八、八一頁、長谷川、二〇一四c、一九八―二〇一頁参照。
9　長谷川、二〇一八a、一六八―一七二頁参照。
10　ヨシュア記一八章、二四章、士師記九章、二〇章一八節、サムエル記上三章二一節など参照。
11　Na'aman 2010 参照。
12　長谷川、二〇一三、三五―三六頁参照。
13　サマリア人については、ティリー、ツヴィッケル、二〇二〇、二〇五―二〇七頁参照。
14　シュミート、二〇一三、二三三頁参照。
15　Coogan and Chapman 2018, 435 参照。
16　シュミート、二〇一三、二三三頁、ティリー、ツヴィッケル、二〇二〇、一五八頁参照。
17　レーマー、二〇〇八、二三五―二三六頁参照。
18　聖書協会共同訳では「イスラエル人、祭司とレビ人、および捕囚から帰って来た人々は喜んで神殿の奉献を行った」。しかしこの訳だと「イスラエル人」と「捕囚から帰って来た人々」は別の人々となってしまう。また、原文にある「残りの」がなぜか省略されてしまっている。多くの英訳では「イスラエル人」の内訳として「祭司、レビ人」と「それ以外の捕囚から帰って来た人々」と捉えており、ここではそうした解釈に従った。これらの人々すべてが続く一七節で「全イスラエル」と言い換えられているのである。

V

1　「宗教」と括弧付きで用いるのは、一般にはこの言葉が用いられているものの、それが近代ヨーロッパで創生された religion という概念の訳語であり、古代における信仰体系を必ずしもその言葉で呼ぶことは適切ではないと考えるからである。
2　ちなみに現代ヘブライ語で「コメル」はキリスト教の司祭や牧師をはじめ、ユダヤ教以外の聖職者を指す一般的な言葉である。
3　明治元訳のゼファニヤ書（ゼパニヤ書）一章四節はこの語を「祭司」と訳さずに「コメル」の複数形である「ケマリム」がそのまま使われている。

4 創世記四一章四五、五〇節、四六章二〇節、四七章二二、二六節。これらのエピソードにおける「コヘン」は官職名としてのみ現れ、その祭祀や祭祀の対象を非難するという「コメル」が用いられる文脈とは明確に異なっている。
5 創世記二八章と三五章の物語はともにヤコブが「記念碑」を立てたことを物語る。三五章の物語ではさらに祭壇も築く。二つのエピソードはもともとベテルの「記念碑」にまつわる別の伝承であったものが後から時系列になるように結びつけられた可能性も考えられる。
6 創世記三五章四、八節、ヨシュア記二四章二六節、士師記四章五節、六章一一、一九節などを参照。
7 列王記下一七章四節も参照。
8 長谷川、二〇一一、四三―四五頁参照。
9 なお、聖書協会共同訳で「神の宮」と訳されている語は「神（エローヒーム）の家」であり、これまた「神殿」と同義である。
10 Finkelstein et al. 1993 参照。
11 Uelinger 1997, Römer 2015, 141–159 参照。
12 長谷川、二〇一四a、七四―七六頁参照。
13 長谷川、二〇一三、一一〇―一一四頁、同二〇一四a、七三―一〇〇頁参照。
14 Uelinger 1997 参照。
15 ここで「神々」が複数なのはそれに対応する動詞「導き上った」が複数形だからである。子牛像が二体であることから、それぞれが「神」という意味で「神」の複数形を用いているのであろう。
16 長谷川、二〇一一、四〇―四一頁参照。
17 長谷川、二〇一三、一〇五頁、同二〇一四a、六三頁参照。
18 ここに記されるコラの系図は出エジプト記六章一六～二五節、歴代誌上六章一八～三二節とは一致するが、民数記二六章五七～六一節、歴代誌上六章一～一五節とは異なる。
19 詳しくは山森、一九九六a、一九九六b参照。今日多くの研究者が受け入れている説については、クロス、一九九七、二五〇―二七一頁、Leuchter 2010 を参照。
20 異なる意見については、魯、二〇一七、一〇七―一〇九頁参照。

21 サムエル記下一五章三五節、一七章一五節、一九章一二節、二〇章二五節など。
22 こうした復元については非常に細かな議論が必要なため、本書では立ち入らない。
23 クロス、一九九七、二六五―二六七頁参照。
24 クロス、一九九七、二七〇―二七一頁参照。
25 クロス、一九九七、二六九―二七〇頁参照。
26 初期ヘレニズム時代と考える研究者もいる。
27 エズラ記三章二、八節、ハガイ書一章一節、一二節、ゼカリヤ書六章一一節など参照。
28 モーセの子孫が彫像に仕える祭司であってはまずいという配慮ゆえ、ヘブライ語のテクストでは「モーセ」に一字小さく補うことによって「マナセ」に訂正されている。
29 歴代誌上二三章一四～一六節、二六章二四～二五節。
30 クロス、一九九七、二五〇―二七一頁、Leuchter 2010, 2012 参照。
31 クロス、一九九七、二五一頁参照。
32 クロス、一九九七、二六一頁参照。
33 クロス、一九九七、二五二頁参照。
34 歴代誌上二四章三節はダビデ時代にツァドクと共に祭司となったアヒメレクをイタマルの一族とする。イタマルはアロンの息子の一人である。さらにアヒメレクは、サムエル記上二二章九節によればアヒトブの子で、アヒトブの父はサムエル記一四章三節によれば、エリの子ピネハスである。つまり、歴代誌が書かれたアケメネス朝時代までには、シロの祭司エリさえアロン系とされてしまった。しかし、それは後代の話で、サムエル記上の情報は、エリがモーセの子孫であることを暗示しているのである。
35 出エジプト記六章一六～二五節、民数記二六章五七～六一節、歴代誌上五章二七～四一節、六章一～一五節、六章一八～三二節など。
36 マフリの氏族は、古代ギリシア語訳にはないので、後代の挿入と見られる。
37 歴代誌上六章三九～四〇、四二節も参照。
38 出エジプト記二五章一七～二二節、三七章六～九節、民数記七章八九節、サムエル記上四章四節、下六章二節などを参照。

39　Leuchter 2010, 103 参照。

40　原語では「ケニ人」。口語訳では「ケニびと」と訳している。

41　Leuchter 2010, 108 参照。

42　Leuchter 2010, 108–109 参照。

43　Leuchter 2010, 109 参照。

44　他方、ネヘミヤ記一三章一〇～一一節には、アケメネス朝時代に、レビ人であっても神殿での仕事を放棄した人々がいたことも記されている。

45　歴代誌上二三章三二節で彼らの任務は、「彼らは主の神殿に仕えるために、会見の幕屋と聖所に対する務めを、また、同族であるアロンの一族への務めを果たした」と要約されている。歴代誌、エズラ記、ネヘミヤ記におけるレビ人については、山森、一九九六a、六八―七二頁参照。

46　エズラ記二章三六～五八節によれば、祭司四二八九人、レビ人七四人、詠唱者一二八人、門衛一三九人、神殿に仕える者たち三九二人である。レビ人の数が祭司に比較して極めて少ない。

47　歴代誌下三五章一一節、三五章一四節も参照。

48　このテクストの年代については、魯、二〇一七、一〇〇―一一九頁参照。

Ⅵ

1　創世記三二章三一節、士師記六章二二節、一三章二二節など。

2　Arie et al. 2020 参照。

3　列王記上一七章一七～二四節、下四章一八～三七、一三章二一節。

4　中田、二〇一〇参照。

5　民数記二二章七節、サムエル記上九章六～一〇節など参照。

6　マラキ書が元来ゼカリヤ書と一緒だったという可能性も十分ある。その場合「十二」は後付けの数字である。

7　上村、二〇〇八、八一―八四頁参照。

8　シュミート、二〇一三、二八八頁参照。

9 長谷川、二〇一三、一四―一六頁参照。

10 サムエル記下二〇章二五節、列王記上四章三節、下一二章一一節など。

Ⅶ

1 長谷川、二〇一八a、二八頁参照。この部分の後半で語られる人間による自然支配については、長谷川、二〇一八a、二八―三四頁参照。

2 長谷川、二〇一八a、六〇―九九頁参照。

3 長谷川、二〇一八a、三五―三七頁参照。

4 ただし、ユダ族のダビデはユダとこの女性との間に生まれた子の子孫ではない。

結

1 長谷川、二〇一一、八―一一頁、同二〇一四a、一二―二三頁、同二〇一八a、八二―九三頁参照。

2 長谷川、二〇一三、一一四―一一八頁参照。

3 長谷川、二〇一八a、二〇八―二一〇、二二〇―二二四頁、同二〇一九、一六〇―一六二頁参照。

4 長谷川、二〇一八a、四八―五〇頁参照。

5 長谷川、二〇一八a、五七―五八頁参照。

参考文献

上村静『宗教の倒錯――ユダヤ教・イエス・キリスト教』岩波書店、二〇〇八
上村静『旧約聖書と新約聖書――「聖書」とはなにか』新教出版社、二〇一一
大島力「聖書解釈と正典」、木田献一・荒井献編『現代聖書講座　第三巻　聖書の思想と現代』日本基督教団出版局、一九九六、一四九―一六七頁
大島力「正典としての旧約聖書」、池田裕・大島力・樋口進・山我哲雄編『新版総説旧約聖書』日本キリスト教団出版局、二〇〇七、六八―八一頁
木幡藤子「最近の五書研究を整理してみると」『聖書学論集』第二八号、一九九五、一―五二頁
髙井啓介・渡井葉子「バビロン捕囚期のユダ共同体――ユダヤ教団の萌芽」、柴田大輔・中町信孝編『イスラームは特殊か――西アジアの宗教と政治の系譜』勁草書房、二〇一八、一五五―一八五頁
中田一郎「マリ出土の預言報告書に見られる預言と預言者」『旧約学研究』第七号、二〇一〇、六九―九一頁
長谷川修一「イエフによるヨラムとアハズヤの殺害主張の歴史叙述的背景」『史苑』第六八巻第二号、二〇〇八、三二―四九頁
長谷川修一「列王記の歴史記述とその史料価値――編集史的観点から見た『イエフ物語』成立の歴史的背景」『史境』第六一号、二〇一〇、五七―七〇頁
長谷川修一『ヴィジュアルBOOK　旧約聖書の世界と時代』日本キリスト教団出版局、二〇一一
長谷川修一『聖書考古学――遺跡が語る史実』中央公論新社、二〇一三
長谷川修一『旧約聖書の謎――隠されたメッセージ』中央公論新社、二〇一四a
長谷川修一「骨董市場と博物館」『ムゼイオン』第五九巻、二〇一四b、三―一〇
長谷川修一「考古学からみた鉄器時代Ⅲ期からアケメネス朝ペルシア時代のパレスチナ」、長谷川修一編『月本昭男先生退官記念論文集　第Ⅱ巻――考古学からみた聖書の世界』聖公会出版、二〇一四c、一八四―二一一頁
長谷川修一「モーセ――『古代イスラエル』のスーパーヒーロー?」『キリスト教学』第五七号、二〇一五、一―二四頁

長谷川修一「北イスラエル王国時代末期の歴史的研究序説」、小川英雄先生傘寿記念献呈論文集刊行会編『古代オリエント研究の地平――小川英雄先生傘寿記念献呈論文集』リトン、二〇一六、九一―一〇九頁
長谷川修一『謎解き 聖書物語』筑摩書房、二〇一八a
長谷川修一「「古代イスラエル」――「一神教」的信仰前史を再考する」、柴田大輔・中町信孝編『イスラームは特殊か――西アジアの宗教と政治の系譜』勁草書房、二〇一八b、一〇一―一二九頁
長谷川修一「聖書の翻訳――古代から現代まで」『通訳・翻訳研究』第一九号、二〇一九、一五三―一六五頁
長谷川修一「「イスラエル」の考古学――古代「イスラエル」出現をめぐって」、常木晃先生退職記念論文集編集委員会編『世界と日本の考古学――オリーブの林と赤い大地』、六一書房、二〇二〇、一二五―一三八頁
樋口進『よくわかる旧約聖書の歴史』日本基督教団出版局、二〇〇〇
前田徹・川崎康司・山田雅道・小野哲・山田重郎・鵜木元尋『歴史学の現在 古代オリエント』山川出版社、二〇〇〇
山我哲雄『聖書時代史――旧約篇』岩波書店、二〇〇三
山我哲雄『海の奇跡――モーセ五書論集』聖公会出版、二〇一二
山我哲雄『一神教の起源――旧約聖書の「神」はどこから来たのか』筑摩書房、二〇一三
山森みか『古代イスラエルにおけるレビびと像』国際基督教大学比較文化研究会、一九九六a
山森みか「祭司と祭儀」『現代聖書講座第三巻 聖書の思想と現代』日本基督教団出版局、一九九六b、一〇一―一一八頁
魯恩碩『旧約文書の成立背景を問う――共存を求めるユダヤ共同体』日本基督教団出版局、二〇一七
エルンスト・ヴュルトヴァイン『旧約聖書の本文研究――『ビブリア・ヘブライカ入門』』(鍋谷堯爾・本間敏雄訳)、日本基督教団出版局、一九九七
P・C・クレイギー『ウガリトと旧約聖書』(池田潤・小板橋又久訳)、教文館、一九九〇
F・M・クロス『カナン神話とヘブライ叙事詩』(輿石勇訳)、日本基督教団出版局、一九九七
K・シュミート『旧約聖書文学史入門』(山我哲雄訳)、教文館、二〇一三
スピノザ『神学・政治論』上・下巻(畠中尚志訳)、岩波書店、一九四四
M・ティリー、W・ツヴィッケル『古代イスラエル宗教史――先史時代からユダヤ教・キリスト教の成立まで』(山我哲雄訳)、

教文館、二〇二〇
マルティン・ノート『旧約聖書の歴史文学――伝承史的研究』（山我哲雄訳）、日本基督教団出版局、一九八八
S・ヘルマン、W・クライバー『よくわかるイスラエル史――アブラハムからバル・コクバまで』教文館、二〇〇三
P・K・マッカーター・ジュニア他『最新・古代イスラエル史』（池田裕・有馬七郎訳）、ミルトス、一九九三
C・レヴィン『旧約聖書　歴史・文学・宗教』（山我哲雄訳）、教文館、二〇〇四
T・C・レーマー『申命記史書――旧約聖書の歴史書の成立』（山我哲雄訳）、日本キリスト教団出版局、二〇〇八

Eran Arie, Baruch Rosen and Dvory Namdar, "Cannabis and Frankincense at the Judahite Shrine of Arad," *Tel Aviv* 47 (2020), pp. 5–28.
Bill T. Arnold, *Introduction to the Old Testament*, New York: Cambridge University Press, 2014.
John Barton, "The Hebrew Bible and the Old Testament," in John Barton (ed.), *The Hebrew Bible: A Critical Companion*, Princeton: Princeton University Press, 2016.
Michael D. Coogan and Cynthia R. Chapman, *The Old Testament: A Historical and Literary Introduction to the Hebrew Scriptures*, Fourth Edition, New York/Oxford: Oxford University Press, 2018.
Israel Finkelstein, Shlomo Bunimovitz, and Zvi Lederman (eds.), *Shiloh: The Archaeology of a Biblical Site*, Tel Aviv: Institute of Archaeology of Tel Aviv University, 1993.
Jan Chr. Gertz (Hg.), *Grundinformation Altes Testament*, 5. Auflage, Göttingen/Bristonl CT: Vandenhoeck & Ruprecht, 2016.
Catherine Hezser, "Diaspora and Rabbinic Judaism," in J. W. Rogerson and Judith M. Lieu (eds.), *The Oxford Handbook of Biblical Studies*, Oxford/New York, NYC: Oxford University Press, 2006.
Reinhard Gregor Kratz, *Historisches und biblisches Israel*, 2. Auflage, Tübingen: Mohr Siebeck, 2017.
Dafna Langgut, Israel Finkelstein, and Thomas Litt, "Climate and the Late Bronze Collapse: New Evidence from the Southern Levant," *Tel Aviv* 40 (2013), pp. 149–175.
Mark A. Leuchter, "The Priesthood in Ancient Israel," *Biblical Theology Bulletin* 40 (2010), pp. 100–110.
Mark A. Leuchter, "The Fightin' Mushites," *Vestus Testamentum* 62 (2012), pp. 479–500.
Ze'ev Meshel, *Kuntillet 'Ajrud: An Iron Age II Religious Site on the Judah-Sinai Border*, Jerusalem: Israel Exploration Society, 2012.

Nadav Na'aman, "The Israelite-Judahite Struggle for the Patrimony of Ancient Israel," *Biblica* 91 (2010), pp. 1–23.

Thomas Römer, *The Invention of God, L'Invention de Dieu*, Translated by Raymond Geuss, Cambridge: Harvard University Press, 2015.

Hershel Shanks, "When Did Ancient Israel Begin? —New Hieroglyphic Inscription May Date Israel's Ethnogenesis 200 Earlier than You Thought," *Biblical Archaeology Review* Jan/Feb 2012, Vol. 38.1 (2012), pp. 59–62, 67.

Christoph Uelinger, "Anthropomorphic Cult Statuary in Iron Age Palestine and Search for Yahweh's Cult Images," in Karel van der Toorn (ed.), *The image and the Book: Iconic Cults, Aniconism and the Rise of Book Religion in Israel and the Ancient Near East*, Leuven, 1997, pp. 97–155.

Karel Van der Toorn et al. (eds.), *Dictionary of Deities and Demons in the Bible*, Leiden: Eerdmans, 1999.

あとがき

本書は敢えて「〈戦い〉の書」と銘打った。旧約聖書の中に展開される様々な、相反する思想を、そうした思想を掲げる人々の衝突を反映したものとして捉え、それを歴史の中に跡付けてみたいと思ったからである。本書では、これら異なる思想を並べる旧約聖書の背後に、書物の言葉をともし火としながら、強大な諸帝国の陰にあって激動の時代を生き抜いた人々の姿を想定し、関連するテクストを読み解こうと努めた。また、「〈戦い〉の書」というキャッチフレーズによって、「愛の宗教であるキリスト教の本」という聖書にまとわりつく固定観念を少しでも払しょくしたいという思いもあった。

「〈戦い〉の書」と銘打っておきながらこんなことを書くのもおかしいが、旧約聖書は「〈調和〉の書」でもある。弁証法的に見るならば、異なる思想、対立する思想を敢えて正典に含めた行為の背後に、対立する思想を止揚させようという意図が透けて見えるように思える。もしそうであったとしたならば、それはこれらの書物を伝え、正典にまとめあげた人々の知恵がそうさせたのであろう。

本書で紹介したのは、旧約聖書の読み方の一つに過ぎない。すべてのテクストがそうであるように、旧約聖書も様々な読み方に開かれている。右に記したような想定は、旧約聖書とそれが形成された時代や社会状況について、筆者がこれまで蓄えてきた少しばかりの「学問的知識」に出発点を置いている。しかし、こうした「学問的知識」が正しいという保証は全くない。旧約聖書の著者たちが何をどのように考え、それがどれだけテクストに反映しているのかを推し量ることは困難を極める。同時に、様々な方法を駆使して導き出した推論も、それが正しいと証明することは不可能である。

テクストは壁である。読者は様々な仕方でそれに向かってボールを投げる。ボールがどう跳ね返るかは、ボールの当たる場所、投げられたボールが壁に対してつくる角度、ボールの速度、回転の向きや回転速度などによって様々に変化する。また、気温や風向きという外的要因も跳ね返り方に影響する。大事なのは、楽しんでボールを投げられることだが、そのためにはその壁がどのように面白いのか、どのようにボールを投げたら楽しめるかを知らねば始まらない。

楽しむための唯一の正しい投げ方というものはない。それぞれが楽しいと思う仕方で投げてみればよい。ただ、他人がある仕方で投げた時のボールの跳ね返り方が面白そうに見えれば、それを真似てみようという気になるかもしれない。筆者自身、他の研究者の真似をして旧約聖書に対するボールの投げ方を学び、自分が面白いと感じる投げ方を工夫してきた。本書で展開するのは、旧約聖書という壁に対する筆者なりのボールの投げ方である。

旧約聖書は矛盾に満ちた書物である。そこに描かれる神もまた矛盾の塊のように見える。しかし多くの人は、そうした矛盾に気づかない。旧約聖書ほどの大部の書物を注意深く読み通すのは骨が折れるし、そうするだけの意義を旧約聖書に見いだす人は多くない。多くの人は、たとえ関心があったとしても、ダイジェストだけを読んで全体像を摑んだり、短い紹介だけを読んで知った気になったりというところだろう。そうした解説本は、聖書全体の思想を描くことに傾注するあまり、往々にしてこうした矛盾についての追究が欠けている。

これに反して本書では、旧約聖書に存在する矛盾を敢えて強調し、それについて説明を試みた。本書が、旧約聖書が魅力的な「壁」であることを多くの人々に知ってもらうきっかけとなり、またその「壁」に対してどのようにボールを投げたらよいのか思案に暮れている人々にとって少しでも「投げ方」

の参考を提供できれば幸いである。「面白くない」、「間違っている」という批判もまた悪い投げ方として参考になったということだろう。

所詮、これは投げ方の一つであり、絶対的な投げ方でも正しい投げ方でもない。多くの研究者が似たような仕方で投げているからといって、それが正しい投げ方であるわけではない。むしろ、一人一人多少なりとも異なる投げ方をしているからこそ、常に新しい研究が生まれるのである。本書を通して旧約聖書に関心を持った読者諸賢には、是非ご自身の手で新たな「投げ方」を開発していただきたい。そしてその際には「ヘブライ語聖書」という呼称を使っていただくようお願いする。

＊　＊　＊

今年度は、四月から一年間ドイツで海外研究に携わる予定であった。しかし、コロナウィルス蔓延の影響で、これを書いている七月になっても渡独は叶わず、相変わらず蒸し暑い東京でくすぶることを余儀なくされている。

「コロナ前」と「コロナ後」で世界は大きく変化すると言われる。筆者の目に、このコロナ危機は、現代の「バビロニア捕囚」のように映る。これまで当たり前のように抱いていた世界観が突如として崩壊し、新たな世界観が生み出される時代に、我々は立ち会っている。「バビロニア捕囚」と異なるのは、この危機が一集団のみならず、全人類に決定的な変化を迫っているということである。

旧約聖書同様、人間もまた矛盾に満ちている。したがって、多くの人間の生きる社会が矛盾だらけなのも納得がいく。だからと言って、その矛盾を放っておいていいわけではない。矛盾を抱えた社会が、その矛盾を自覚し、さらにそれを乗り越えようとしなければ、人類はやがて滅亡の危機に立たされることだろう。その足音はもうすぐそこまで聞こえている。

この危機の時代に新たな世界観を創出するに際し、これまで人類が抱え続けてきた社会的矛盾にもう一度目を向けることは無駄ではなかろう。とりわけ、貧富格差や環境問題といった、資本主義と民主主義が直面している様々な問題をどのように解決すべきか、真剣に考えねばならない。未来を考えるに当たり、かつて未曾有の艱難に直面し、それを乗り越えて生き抜いた人々が、社会的矛盾を克服すべく紡いだ文学作品に触れることは、決して無駄なことではないだろう。新たな世界観の創出に、人文学は必ずや大きな役割を果たすはずである。

＊　　＊　　＊

そろそろ自分に残された時間を見据えながら仕事をする齢になってきた。本書執筆のお話を頂戴した時、筆者は多忙の極みにあった。ここのところ毎年、「多忙の極み」を更新し続けている。筆者はこれまで〆切を守らなかったことはほとんどなかったが、この一年、様々な方面で迷惑をかけている。これでも仕事は選ばせていただいているつもりではあるし、実際、お断りしている仕事も少なくない。しかし乏しい能力と衰えていく体力、そして文科省からの横暴な要求に振り回されてますます限られていく大学教員の持つ時間では、セーブしているつもりの仕事量であっても最早こなすことができなくなっている。

本書の執筆も一度はお断りしたのだが、本シリーズにかける編集の片原さんの情熱にほだされ、キーボードを叩くこととなった。とは言え、すでに飽和状態に達していた仕事量に加え、その後ものっぴきならない事情により断ることのできない仕事が立て続けに入り、結果として脱稿が当初の計画より半年も遅れてしまった。この間、辛抱強く原稿を待ち、叱咤激励を惜しまず、脱稿後に的確な編集作業をしてくださった慶應義塾大学出版会の片原良子さんに心より感謝を申し上げたい。

二〇二〇年七月　東京にて　長谷川修一

長谷川修一　はせがわ しゅういち

1971年生まれ。立教大学文学部教授。筑波大学大学院博士課程単位取得退学。テル・アヴィヴ大学（イスラエル）大学院ユダヤ史学科博士課程修了。専門はオリエント史、旧約学、西アジア考古学。主著に『聖書考古学』『旧約聖書の謎』（中公新書）、『ヴィジュアルBOOK 旧約聖書の世界と時代』（日本キリスト教団出版局）、『歴史学者と読む高校世界史』（共編著、勁草書房）、『謎解き 聖書物語』（筑摩書房）など。

あなたにとって本とは何ですか？

二〇一一年三月一一日、東日本大震災が発生した時、筆者は新宿にいた。その後、丸二日間、当時自宅のあったつくばに戻ることは叶わなかった。電車もバスも止まってしまったからである。帰宅後、書斎としていた部屋で目にしたのは、七台あったスチール製の書棚のうち四台が倒れ、あらゆる本が床一面を埋め尽くす有様であった。机は書棚の下敷きとなって粉砕し、その上に載っていたノートパソコンの画面は割れていた。地震発生時に机で仕事をしていたら、命はなかったかもしれない。

それ以降、自宅は原則として職場と徒歩で往来できる地域に選び、本も極力職場に置いている。現在の悩みは、すでに研究室の書棚に収まり切らなくなっている本の置き場である。

本は罪作りである。大学院生の頃、買い過ぎてクレジットカードのリボ払いで破産しそうになった。しかし、買わないわけにはいかない。自分の分野の本は国内ではどこの図書館にも置いていないものも多く、その場合は自ら買わなければ研究が進まない。最近は身銭を切らずに購入できるので、すぐに読まないものでも購入してしまうようになった。実に危険である。新刊が出るたび、愛憎相半はする気持ちで紹介記事を眺めている。

シリーズウェブサイト　http://www.keio-up.co.jp/sekayomu/
キャラクターデザイン　中尾悠

世界を読み解く一冊の本
『旧約聖書』
――〈戦い〉の書物

2020年9月30日　初版第1刷発行

著　者――――長谷川修一
発行者――――依田俊之
発行所――――慶應義塾大学出版会株式会社
〒108-8346　東京都港区三田2-19-30
TEL〔編集部〕03-3451-0931
〔営業部〕03-3451-3584〈ご注文〉
〔　〃　〕03-3451-6926
FAX〔営業部〕03-3451-3122
振替　00190-8-155497
http://www.keio-up.co.jp/
装　丁――――岡部正裕(voids)
印刷・製本――株式会社理想社
カバー印刷――株式会社太平印刷社

Printed in Japan　ISBN 978-4-7664-2563-5

世界を読み解く一冊の本　刊行にあたって

書物は一つの宇宙である。世界は一冊の書物である。事実、人類は世界の真理を収めるような書物を多数生み出し、時代や文化の違いをこえて営々と読み継いできた。本シリーズでは、作品がもつ時空をこえる価値を明らかにするのみならず、作品が一冊の書物として誕生し、読者を獲得しつつ広がっていったプロセスにも光をあてる。書物史、文学研究、思想史、文化史などの第一人者が、古今東西の古典を対象として、その作品世界と社会や人間に向けられた眼差しをわかりやすく解説するとともに、そもそもその書物がいかにして誕生し、読者の手に渡り、時代をこえて読み継がれ、さらに翻訳されて異文化にも受け入れられたのかを書物文化史の視点から考える。書物の魅力を多角的にとらえることで、その書物がいかにして世界を読み解く一冊の本としての位置を文化のなかに与えられるに至ったかを、書物を愛する全ての読者に向かって論じてゆく。

二〇一八年十月

シリーズアドバイザー　松田隆美

せかよむ★キャット

あたまの模様は世界地図。
好奇心にみちあふれたキラめく瞳で
今日も古今東西の本をよみあさる！

慶應義塾大学出版会

シリーズ 世界を読み解く一冊の本

旧約聖書

—〈戦い〉の書物

長谷川 修一著　旧約聖書が描く「歴史世界」と激動の古代イスラエル史を対比させ、著者たちが「文字」のもつ信頼性を武器に、自らのアイデンティティを懸けて繰り広げた思想史上の〈戦い〉を考古学・聖書学の知見に基づき鮮やかに読み解く。　◎2,400円

[以下、続刊]

エーコ『薔薇の名前』

—迷宮をめぐる〈はてしない物語〉

図師宣忠著

オーウェル『一九八四年』

—ディストピアを生き抜くために

川端康雄著

空海『三教指帰』

—〈宗教〉とは何か

藤井淳著

表示価格は刊行時の本体価格（税別）です。